高 蔷／著

以生为本 以爱为源

初中英语教学的研究与实践

沈阳出版发行集团
沈阳出版社

图书在版编目（CIP）数据

以生为本　以爱为源：初中英语教学的研究与实践 /
高蔷著. — 沈阳：沈阳出版社，2021.4
ISBN 978-7-5716-1671-7

Ⅰ.①以… Ⅱ.①高… Ⅲ.①英语课—教学研究—初
中 Ⅳ.①G633.412

中国版本图书馆CIP数据核字（2021）第065714号

出版发行：沈阳出版发行集团|沈阳出版社
　　　　　（地址：沈阳市沈河区南翰林路10号　邮编：110011）
网　　　址：http://www.sycbs.com
印　　　刷：北京政采印刷服务有限公司
幅面尺寸：170mm×240mm
印　　张：14.75
字　　数：220千字
出版时间：2021年4月第1版
印刷时间：2021年4月第1次印刷
责任编辑：马　驰
封面设计：言之凿
版式设计：李　娜
责任校对：王玉位
责任监印：杨　旭

书　　　号：ISBN 978-7-5716-1671-7
定　　　价：45.00元

联系电话：024-24112447
E－mail：sy24112447@163.com

目 录

教研成果篇

教学实践篇

教学感悟篇

教研成果篇

浅谈在初中英语教学中如何落实独学

英语新课程标准倡导学生自主学习、合作学习和探究学习的学习方式。因此学生的重要任务是学会如何学习，以便他们走入社会之后能够真正实现自主的终身学习。

自樊城区教育局实行新课改以来，我作为一名英语教师，积极参与了课堂教学改革的全过程，亲身感受到了开展此项活动的巨大作用。如何落实独学，培养学生自主探究英语的能力，具体来讲，可以从以下几个方面进行。

一、学生明确独学含义，培养自身独学意识

新课改强调培养学生的自主能力，引导学生自学进而培养学生的自主能力，自学包括独学、互学、群学和评学。经过这样一番学习，学生的自主能力会有所提高。

何为独学呢？独学即不依赖教辅书的参考答案和学习伙伴的独立思维、独立观点，独自学习取得成果。独学的目的就是要学生找到自己存在的问题，为下一步在小组中群学做准备。没有个体的真正独立，就没有群体讨论的价值基础和思维的发展，因此，独学在自学中发挥着奠基石的作用，为下一步的互学、群学、评学做好准备。只有独学深入，群学才能高效。学生只有明确了独学在英语学习中的重要意义，以及其将对自身英语学习的可持续性发展有极好的促进作用，才能有动力主动进行独立学习，

进而在英语学习中有效落实独学。

二、学生静心独学，善于发现自身问题

在导学案的引导下，我指导学生进行独立思考，初步解决基础性的问题。让学生记录自己不能解决的问题，以备小组交流时，有针对性地寻求帮助。学生要阅读英语对话或英语短文，独立完成导学案，不明白的问题用双色笔标出。高效课堂下，学生进行独学，以导学案为抓手，以问题为主线，并运用双色笔就独学过程中存在的问题做标注，带入互学、群学中解决。

在学习过程中，我建议每位学生先读英语课本，独立思考、自学，写出思考要点，完成导学案的相应部分。注意要充分感知和理解英语文本，先读书再做导学案。读英语文本之前，我把要读的内容、怎样读、读几遍、多长时间完成、读完后做哪些思考题等告诉学生，如课上学生轻声初读英语文段，圈出生单词，并通过查英语课本或英语字典注出音标、找出意思，从而翻译单词、词组；再默读英语课文，说说英语文章的主要内容；第三遍朗读英语课文，找出自己认为重要的词组、句子并说说理由，用红色笔标出自己存有疑惑的地方，将问题带入互学、群学。比如，在英语的学习中，朗读是很重要的，学生首先要学会如何去认读单词，了解其词性、词义，并且掌握其用法，才能够将用法掌握得游刃有余。因此首先必须解决语音问题，对于音标的教学我们应该处处留意、时时渗透，及时归纳总结，让学生在音标的学习中逐步习得、循序渐进。在朗读的基础上，加强学生对语法知识的理解和词组句子的理解及识记。学生对文章的阅读技巧的培养及阅读策略的形成将促进学生进行独学。如教学"定语从句"时，我设计了以下导学提纲：①怎么判断定语从句？②怎样确定先行词？③如何确定引导词？这样坚持训练并将独学要求、读书方法适时渗透，使学生对如何独学有一定的实践，最终让学生走上自学的道路。引导学生掌握学习方法，犹如交给学生打开知识大门的钥匙。学生只有掌握

了英语学习策略，才能真正具备学习英语的主动权，才能做英语学习的主人。

三、学生独学质疑，生成自身问题

爱因斯坦曾说："提出一个问题，往往比解决一个重要。"导学案中提出的问题是预设的问题，但课堂充满了不确定性和动态生成的特征，课堂即时生成的问题一定是真实的问题。所以我经常引导、鼓励学生大胆质疑，做到会用、善用双色笔和纠错本。当学生独学遇到问题或产生疑惑时，要求学生运用双色笔随时在课本上、导学案上、教室的黑板上圈画问题，记下自己的疑惑。并引导学生使用英语进行交流，如学生在听不懂他人的话语时，可以使用"I beg your pardon..."之类的话语，这样既创设了英语文化的氛围，又达到了语言交流的目的。另外，还要求学生对自己在理解和解决问题时出现的问题深入分析，随时记入纠错本，并用双色笔着重标注出解决问题的关键。在引导学生提出问题、发出质疑方面，我引导学生每节课独学时提出质疑，使课堂独学的整个过程就是在围绕解决问题、发现问题、探究问题、再解决问题的逐级逐层提升的过程。

但鉴于有的学生由于受知识年龄等限制不会质疑，有的胆小不敢质疑问难，有的满足于一知半解、不愿质疑问难等情况，我们教师需要创设条件，努力营造氛围激发学生质疑问难，教师要善于灵活地向学生提出探索性问题。如在学习《英语（新目标）Go For It》九年级"Unit 1 How do you study for a test？"时，这样进行导入：教师提问"What are you doing？"，学生回答"We're studying English"；再提问"How do you study English？"，学生自由回答"I study English by..."；紧接着问"If we want to know how we study English，what can we do？"，学生答"We have a test"；最后接着问"How do you study for a test？"，从而引出本课的目标语言。提出问题后，再引导学生独立学习思考，初步感知教学内容，做好必要的心理准备。由于结合了班上学生的实际情况，我还主动、合理、创造性地调整和丰富教学内容，将课程与教学紧密地联系起来。我还和学生共同行动，利用网络、图书、媒体多方获取信息，让学习与生活有机地结合，使学生对一堂课的学习目标和基本方法做到心中有数。

四、结合具体学情，学生分层独学

面对学生英语水平参差不齐、两极分化的现状，实施分层教学显得十分重要。因为，学生接受新知识的能力各不相同，经过一段时间的学习，学生成绩势必出现差距，会出现一部分学习成绩较为落后的学生，这就是所谓的"学困生"。随着学习的逐步深入，这部分学生就会感觉英语学习越来越吃力，产生对英语的抵触心理。因此，必须让所有的学生觉得自己是课堂的主人，不能置身于课堂之外。于是，我采用分层教学，关注学生的学习状态，对学生进行适时点拨指导，尤其是对"学困生"的学法指导、点拨。根据"保底不封顶"的原则，在学生完成导学案上的问题时，我尊重学生的个体差异，实行分层学习、分层达标。根据学生的知识水平和接受能力，每堂课都设计不同层次的独学内容，尽量使各层次的同学在独学过程中都有收获，都有进步的机会。在课堂上，我把导学案的导读部分分成三部分：一部分是本堂课的新知识点，重点讲读，满足大部分学生的胃口；一部分是与本课有关的以前的词汇、知识点，帮助基础差的同学复习；一部分是新知识的拓展，使部分英语基础较好的同学保持高昂的学习热情。我在课堂上，尽量给"学困生"创造机会，一些简单问题让他们回答，答对了给予大力表扬，让他们感受成功的喜悦，从而激发其学习兴趣，使其树立自信心。在上课时，我还鼓励学生多去体验、感知语言，学生在体验、感知中逐渐习得语言，内化知识，提升能力，学会运用，进而实现英语语言学习的最终目的。

根据学生的学情，尽量给学生留出选用或创新学习方法的余地，必要时才指出最基本的方法建议。在学生独学时，对不同层次的学生提出不同的要求，要求优生先自学发现问题，要求中等生互助提出问题，要求"学困生"背记几个重点单词、词汇和句型。由于任务分解、要求不同，每一类型的学生在学习过程中都会有不同程度的提高。最后，对无论哪类学生的点滴进步，都及时表扬，肯定成绩。这样做，不仅极大地调动了学生的学习积极性，对于学生未来的可持续发展也有着很好的促进作用，而且在无形中促进了班级力争上游、争先创优学习风气的形成。这也正符合新课程所倡导的"让每一位学生都得到发展"，只有这样我们的英语课堂才能真正做到让每一个学生都有不同程度的收获。

五、及时评价独学，学生提高独学能力

在学生独学的学习过程中，我将评价有机地渗透在学生独学环节，适时点评小结，达到激励、引导、提高的目的。为此，我采用的评价内容包括小组合作中行为表现、积极性、参与度以及学生在活动中情感、态度、能力的变化等方面。在评价形式上，实行教师评价、学生自评和生生互评。我不仅将评价的表格画在黑板上，一目了然，激发学生的竞争意识，还对学生实行奖励，如采用口头表扬、鼓掌祝贺、授予"最佳独学学生"荣誉称号等。通过奖励，让学生知道什么行为是有价值的，是能得到认可的，激发学生静心独学，乐意独学、从而培养学生独学意识，提高学生独学能力。

我认为，作为新课改的教师，应该把课堂学习的权利最大限度地还给学生。在樊城区高效课堂的整个过程中，我们教师应该做的是唤醒、激励、评价、追问、点拨、启发，需要及时转变角色，真正做到以生为本、面向全体学生。

为了实现樊城区打造"中国第一学城"的目标，我还将继续积极投身于课堂教学改革的活动之中，进一步加强自身学习，促进自身专业化成长，坚持用科学理论指导教育教学；同时加强同伴互助，向同行学习先进的课改教学经验，为我所热爱的英语教育事业贡献自己的一份微薄之力！

参考文献

［1］中华人民共和国教育部.英语课程标准（实验稿）［M］.北京：北京师范大学出版社，2001：7-29.

［2］杨凤然.中学外语教与学［J］.用自主学习理论优化英语课堂教学，2004（5）.

教研成果篇

构建初中英语"三环六步"实践研究

——"三究四学"模式下初中英语听说课流程的策略研究变式教学

四年来，我们对"三究四学"模式下初中英语听说课的流程策略进行了探索与研究，在5P、"三究四学"模式、PWP的原有基础上加以改进，逐步完善，将其基本模式进行了变式，我们将其称为"三环六步"。"三环"指的是"三究四学"听说课的教学三个环节，即Pre-listening（听前）、While-listening（听中）和Post-listening（听后）；"六步"则指的是自然导入—梳理词汇—预测内容—听说结合—积极展示—评价小结。2017年4月，课题组一位老师展示的听说课在第十一届全国初中英语教师教学基本功大赛获全国一等奖，这节课得到了市教研员曹松山老师、区教研员赛晶晶老师的大力指导和课题组全体成员的倾力相助，得到了现场专家和教师的一致好评。笔者根据我们课题组进行课题研究的实践，以这节国家一等奖优质课为例，谈谈所研究听说课流程的创新做法。

一、自然导入，一目了然

授课教师向学生展示图片，复习了本单元的主句型"What are they doing？""What is she/he doing？"，学生通过看图、听问题、猜测的方式进行回答。一方面很好地回顾了上节课出现的目标语言，起到了承上启下的作用；另一方面也为本节听说课进行了很好的知识语言储备。

二、梳理词汇，展示生词

当学生猜到最后一幅图片的时候，教师呈现了生词"raining"，接着呈现了目标语言"How is the weather？"，结合在宁波当地比赛的实际，就向学生提问"宁波的天气如何？How is the weather in Ningbo？"，自然引出了本课的新词"sunny"。此时老师出示了写有如广州、拉萨、成都和沈阳等城市名称的中国地图和天气标志，继而呈现了生词"windy""cloudy""snowing"，呈现之后立即带领学生练习朗读这些单词和目标语言，以期达到学生熟悉这些语言的真正目的，为后期的听说学习打好语言知识的基础。

三、一链三环，层层推进

此处授课教师设计了第一个听力链条和三个环节。

1. 听前活动——仔细观看，做好听的准备

听前展示世界地图，除了让学生朗读地图上出现的城市名称和标志性建筑物的英文单词外，更为重要的目的是培养学生的核心素养，开阔其视野，使学生了解世界各地城市所在的地理位置和其天气情况，合理发掘文化元素，培养具有国际视野的学生，实际上是将核心素养的理念有效地落实到英语教学中。

2. 听中活动——练习听力，培养听力策略

学生在听对话时，在空白处写下城市名称。此处教师培养了学生听的策略。如果听的过程中语速过快，可以只记录前两个字母，然后再检查答案。学习能力主要包括学生适应学习活动、采用学习方法、运用学习策略、完成学习任务、获得学习知识、积累学习经验的能力。因此，学生学习策略的培养应该从平时着手，逐步养成习惯，这样才能真正学会学习。

教研成果篇

3. 听后活动——听说结合，积极展示

学生观看主题图，教师帮助学生两人一组对五个城市的天气进行一问一答，然后两组或三组表演。此时学生开始进行说的活动，不难看出此处的活动也是有层次性的，即首先由两人一组进行口语交际，也是一个听说活动，此后再由两对或更多对的成员表演出来，在大家面前进行听说的展示。

四、运用语言，游戏激趣

美国心理学家布鲁纳认为，"最好的学习动力是对学习材料有内在兴趣"。授课教师为学生播放了一个关于天气预报的录像，让他们比赛，看看谁先用"It's sunny in New York"这样的句子说出城市和其天气，说对者获得1分。这个游戏的设计符合七年级学生的身心特点——好奇心强，具有一定的竞争意识，而且游戏中需要学生运用本节课所学到的单词和目标语言，学用结合，学生们可以趁热打铁，将所学内容用英语表达出来，培养语言能力。语言能力涵盖的范围很广，包括语言知识、语言技能、思维层次、语篇的人际意义和语用的社会情景意义（程晓堂等，2016）。

五、第二个听力链

1. 听前活动——观察图片，听说结合

授课教师展示图片，并且介绍吉姆："这是吉姆。他正在打电话。他在和谁通话？"引导学生仔细观察图片，找找图片里的人们都正在做什么。然后让学生猜猜图画里的天气。

2. 听中活动——三种听力，逐步推进

听并且快速给图片编序号。听并且将活动与名称匹配。听并且重复对话。不难看出，这三个活动虽然都是听力活动，但是各有不同，活动有一定的层次性，由易到难，从听的活动逐步过渡到说的活动。先听后说，学生在训练中渐渐学到掌握并运用的能力。

3. 听后活动——学生讨论、展示汇报

此处授课教师给学生1分钟的时间，讨论这家人正在做什么，然后请他们做一个汇报。王蔷（2015）认为，英语学科核心素养涵盖四个维度：语言能力、学习能力、思维品质和文化品格。语言能力，即语言运用能力，主要是在社会情境中借助听、说、读、写等方式理解和表达的能力。此处的活动旨在培养学生运用所学语言进行表达的能力。

六、积极展示，拓展思维

引导学生编对话。首先，请学生们看一张有城市和天气标志的地图。然后两个学生进行展示。假设每位学生都在自己喜欢的地方，并且做他们想做的事情。他们在通话时，相互询问对方天气情况和活动，最后进行展示。此处设计的活动是一个完全开放式的活动，学生可以开动脑筋，大胆想象自己喜欢的地方以及自己想做的事情，并且和朋友打电话分享交流自己的想法，在交流中发展运用听说策略的能力。

构建"三究四学"模式下初中英语听说课流程的过程中，我们取得了一些成绩。课题组成员都感觉到听说教学是英语教学中的一个重要环节，它可以促进学生英语能力的全面发展；同时这也是新课程标准所强调的一个重点目的——发展学生的综合语言运用能力。但是在课题研究中，我们也深感还有许多方面有待进一步完善，比如"如何进一步提高和完善'三究四学'模式下初中英语听说课的流程？"等问题。今后，我们课题组还将不断探索、积极研究，让教师为自己的听说教学策略提供依据，及时做出相应的调整，培养学生的初中英语学科的核心素养，探索听说教学的执教理念、如何进一步提高和完善"三究四学"模式下初中英语听说课的流程，进而构建学生完整的知识体系、提升学生学习能力、发展学生思维品质以及塑造学生文化品格。

教研成果篇

参考文献

［1］程晓堂，赵思奇.英语学科核心素养的实质［J］.课程·教材·教法，2016（5）：79-86.

［2］王蔷.从综合语言运用能力到英语学科核心素养——高中英语课程改革的新挑战［J］.英语教师，2015（16）：6-7.

［3］尹荣，高旭阳.核心素养理念下初中英语阅读课教学设计研究——以人教版Go For It！八年级（上）Unit 6 *I'm going to study computer science*为例［J］.英语教师，2017（10）：68-73.

优化初中英语教学策略　实现生成性教学

课堂生成是指"在师生互动、生本互动、生生互动的课堂教学过程中，三维教学目标得以达成；同时，课堂生成的教学资源得以为教学的继续互动和目标的再生服务"。新课程背景下的初中英语课堂教学，是师生、生生之间积极互动、共同交往、共同发展的一个动态过程。因此，新课程理念下的教学要求教师对文本教学设计的同时，更追求课堂现场的有效生成。唯有追求课堂的动态生成，才能达到学生信心的重塑和情感的交流。

一、问题的提出

通过多年的初中英语教学，我发现根据学生学习英语的总体状况可将他们划分为三个"三分之一"。

第一个"三分之一"的学生养成了良好的英语学习习惯，掌握了有效的学习方法，英语学习已经比较轻松。对于这部分学生，我们要做的就是让他们有新的突破；第二个"三分之一"的学生英语学习一般，学习比较辛苦，成绩想有大的提高比较困难，我们要尽可能帮助他们战胜自我，有所进步；第三个"三分之一"的学生已经对于英语学习没有了任何信心，已经放弃了英语学习。对于他们，我们应多给些关心和帮助，帮他们寻找英语学习的乐趣。

针对以上学生的总体现状，我们应有的放矢地开展好英语教学，实现生成性教学。

二、分析原因

通过问卷调查发现，造成上述情况，有智力方面的因素，也有情感方面的原因。

有的学生因为老师曾经批评过自己而放弃英语学习，有的是自己努力了但仍然没有进展而放弃英语学习，有的是因为自己感觉不可能学好英语而放弃英语学习，有的是因为觉得英语太难学而放弃英语学习，有的认为学习英语没有什么用而放弃英语学习，还有些学生认为自己是中国人，没有学习英语的必要。

鉴于这种情况，教师必须优化教学策略，注重因材施教，帮助学生快乐学习英语，引导学生主动学习英语，在参与英语活动中，体验学习英语的成就感。

三、优化教学策略，实现生成性教学

我在自己的教学实践中，摸索出了以下五种优化实效的教学策略，实施后收到了较好的效果，现分述如下。

1. 从源头着手，激发学生思维

充满活力的英语课堂能够激发学生思维，促进其语言知识和语言技能的发展，从而有利于其语言运用能力的培养。而生成性教学是英语课堂活力的源泉。要结合不同学生的实际情况，在此基础上，有的放矢地帮助学生，提高他们的学习自信心，让他们在英语学习方面感觉容易、有趣，并且认识到学好英语会对他们将来的生活有积极作用。

面对学生结结巴巴朗诵英语的问题，我首先从语言基础着手，注重培养学生的语言运用能力。

（1）语音基础方面。为了让学生能够真切地感受到学习英语容易，每次上第一节英语课时，我将(p、b)（t、d）（k、g）（f、v）（s、z）

以生为本 以爱为源——初中英语教学的研究与实践

书写在黑板上，说："同学们，我们有谁能够把这些(p、b)（t、d）（k、g）（f、v）（s、z）读出来？"我有意点了班上那几个认为英语学习困难的学生来读，他们试着按汉语拼音去朗读。我进一步让他们试着爆破读读这些音，结果连他们自己都意想不到的是他们能轻松地读出来(/p/、/b/)（/t/、/d/）（/k/、/g/）（/f/、/v/）（/s/、/z/），我问"Boys and girls, what do you think of them？"，其他学生纷纷答道"They're great"。当我看到那几位答对的学生脸上露出了灿烂的微笑时，我很高兴，心想：嘿，有门儿。从此以后，只要有这样的机会，我都会让他们用国际音标来自己读单词，渐渐地他们学会了根据音标拼读单词和记忆单词，随着英语学习效率的提高，他们学习英语的信心逐步增强，也收获了成功。正如苏霍姆林斯基所说："教师无意中的一句话，可能造就一个天才，也可能毁灭一个天才。"

（2）语言运用能力。《义务教育英语课程标准（2011年版）》修订稿仍以描述学生"用英语做事"为主线，强调培养学生的综合语言运用能力。让学生真切感受到英语的作用，自己发现英语语言的真正用途，并且学会运用英语去做事情。现行的人教版《英语（英语）Go For It！》九年级教材中有很多话题，我们都可以加以运用，学生在学习完语言之后，运用语言做事情，将会对学生的可持续性发展起到很重要的作用。

例如在学习了《英语（英语）Go For It！》九年级"Unit 4 *What would you do？*"之后，学生学会了谈论想象的情景（imaginary situations）。教师让每位学生谈论自己的生活难题，和朋友们相互交流自己的难题，相互帮助，解决问题。有的学生提出"I'm really lonely. I don't know what to say or do"，其他学生则给他提建议"If I were you, I would help others when they're in trouble""If I were you, I would go to the parties..."。学生在交流中畅所欲言，既能用英语解决问题，又能增进同学之间的友情。

2. 以情感人，激发学生积极性

马斯洛需求层次理论提到，人有尊重的需要。（叶奕乾等，2003）对学生来说，得到老师的认可，他们就会感到有尊严。尤其是老师对"学困生"的帮助、关心，能够极大地促进他们对英语产生浓厚的学习兴趣，是鼓励他们积极学习英语的好方法。教师走进生活世界的目的是了解当前的社会生活，熟悉学生文化，谋求学科知识与现实生活的联系。每个教师面对的学生都是处在特定时代背景和地域环境内，有着自己独特经验的"具体的人"。作为"具体的人"，学生整体性地走进课堂，教室无法屏蔽他们的日常经验。因此，学生的课堂生成资源肯定反映他们的日常生活经验。教师如果想要真正理解学生课堂生成资源的深层含义和思想脉络，必须走进现实生活，了解学生文化。因此，在英语教学中，要以情感人，尽量让学生快乐学习。为此，我利用一切机会与学生交流沟通，课下和学生做朋友，了解他们的所思所想，与学生的情感交流让他们感受到教师对他们是真爱。课堂上，我也抓住每一个契机，与学生沟通交流，帮助他们进步。在交流中我告诉学生：外语学习是全脑活动，更能促进学习者左右半脑的协调与沟通。外语学习好的人性格更开朗，看问题的角度更多，思路更开阔，事业发展更顺利，人生的成就会更大。帮助学生认识到学习英语的重要性。如让学生利用休息时间去收集一切与英语有关的物品或有英语的标志。下面就是一名学生拍的照片（如图1、图2所示），以及她写的感悟。

图1

图2

感悟：如今英文已无处不在，不论是街上、商店里，还是家中的生活用品上都有英文商标或英文的说明，就连很多游戏文字也是英文的。所以认真学英语很重要，在任何地方英语都必不可少。讲一口流利的英语不仅让人刮目相看，而且将来也能为自己找到一份好的工作加分。从现在起，我们要打好基础，认真学习英语，让英语成为自己的特长而不是短处！

3. 以人为本，私人订制学习目标

《义务教育英语课程标准（2011年版）》修订稿提出"注重素质教育，体现语言学习对学生发展的价值"。这一理念首先明确了英语课程的基本定位，那就是要在英语课程中推进素质教育。素质教育的核心是人的教育，是推动以学生发展为本的教育。学习英语不是单纯地为了记忆一些英语单词，或者学习一些英语语法知识，而是为了获取用英语与他人进行交流的能力。语言学习对学生的发展具有多方面的价值。语言既是交流的工具，也是思维的工具，是知识、文化和价值观的载体。

从学生的长远发展着想，英语教学要为了学生"全人"的发展做贡献，促使学生在掌握语言知识和提高语言能力的同时，养成积极健康的情感、态度，形成正确的价值观，成为健全的人。我每接手一个班时，常有这样的一种心态：学生们一切从零开始，要用耐心去等待学生的成长，快乐地感受到他们的点滴进步，而不是看见学生学习困难时的表现就感觉焦虑和烦恼。曾经我问学生："什么是优生？"学生们纷纷答道："成绩优异就是优生。"我微笑着告诉他们："在我眼里，优生就是一天比一天进步的学生。昨天20分，今天21分。就是优生。"看着一脸诧异的学生，我笑着问："Dear boys and girls, are you sure you'll be a top student? 同学们，大家有没有信心成为优生？"学生们笑着表示要争做优生。学生结合自己的实际情况，私人订制自己的英语学习目标。我深知每个学生都想得到老师的肯定与赞赏，一个一个小的目标学生容易达到，随着自己的学习目标一步一步达到，他们就会渐渐树立起学习英语的信心。例如，我班张同学就给自己定下了每次单词听写只错5个以下，如果没有达到，就继续努力的目标。小的目标清晰明了，显而易见，学生从此有了学习英语的动力。在学生达到目标时，我总是给予鼓励；若没有达到目标，我也关切地问问

他们原因是什么，及时帮助他们调整学习策略。

4. 引导学生背诵，培养学生的语感

初中阶段的英语学习还处于模仿阶段，要想达到真实交际的目的，需要积累大量的目标语言材料。因此，学生养成背诵目标语言的习惯，才能快速有效地增加真实语言材料的输入，促进语感的有效形成。引导学生掌握有效的方法进行背诵，例如，背诵《英语（新目标）Go For It》九年级Page 6 Unit 1 3a *How I learned to learn English*？这篇文章时，我们就可以按照时间的顺序来进行背诵，last year→first of all→to begin with →later on→ then →now，脉络清晰，层次递进，容易记忆。文章中笔者从原来认为英语很难学到后来逐渐掌握学习英语的诀窍，逐步学会了如何学习英语。《英语（新目标）Go For It》九年级Page 14 "Unit 2 3a *My biggest problem*" 时，课前和同学沟通交流："Hello，do you have problems？What's your problem？ If you have, please ask me. I can help you"。通过和学生沟通交流，了解学生的问题之后，再进入语篇的学习。首先请学生看短文的标题，对语篇有了整体的了解，比较Rose Tang过去和现在的生活，来发现她的问题，再按照这一思路背诵课文，学生就感觉容易多了。由于在学习语篇之前的师生互动交流，让学生对自己的问题有所了解，贴近学生生活，学生对本文的学习便会感觉轻松自如。《英语（新目标）Go For It》九年级Page 22 Unit 3 3a提供的是对话题的看法，如对是否每天穿校服、是否允许小组合作学习、是否延长假期等观点的看法。语篇读完之后，让学生可以选取自己赞同的话题进行辩论。要求学生大声朗读，充分调动口、耳、心三者，互相促进，互相刺激，最大限度地提高对英语的感知能力，增加可理解的语言输入，增强语言的流畅性。再引导学生跟读、朗读和背诵，让他们注意语音、语调、语速和语法等，在理解的基础上有感情地朗读和背诵文章，把语言材料和它蕴含的情感表达出来。

5. 分层活动，面向全体学生

根据维果茨基的最近发展区理论（zone of proximal development），

教学任务的难度要与学生能力相近，既不能太简单，也不能太难，防止他们很努力也完不成，应该处于"跳一跳，够得到"的程度。（吴庆麟，2008）在课堂教学中，进行课堂分层次活动，让每个层次的学生都有所进步。《英语（新目标）Go For It》"Unit 1 How do you study for a test？"就给我们提供了很好的素材。新课伊始，我问学生"What are we doing now"，他们回答"We are learning English"，著名教育家杜威（2004）曾说，教育在理智方面的任务是形成清醒的、细心的、透彻的思维习惯，教师的任务就是要使学生学会思维。借助多媒体课件，引导学生问我"How do you study English"，学生们再问"How do you study English"。在学生们回答问题的时候，我提出希望同学们尽量用英语来回答，觉得用英语回答有困难的学生，则可以用汉语来回答。通过提问，一方面可以运用英语与学生们进行语言交流，另一方面我可以通过交流，观察学生们的反应，大致了解学生们的英语学习情况。紧接着问"How do you study for an English test"，进而延伸到"How do you study for a test"。通过活动，每一层次的学生都能有不同层次的提高，实现了课堂的动态生成。

例如：《英语（新目标）Go For It》九年级Unit 14 Section A 3a—4 的阅读文章，首先引导学生阅读文章，完成下列表格（如表1所示）。

表1　Read the passage and fill in the chart

	I	My grandfather
Things they do/did		

然后分小组讨论上述表格的内容，看谁写得最快、最准确；请各小组的代表踊跃发言，评出最佳小组；学生们再次阅读文章，回答以下问题：

（1）Why couldn't Crystal get back to Jake?

（2）Who loves talking in Crystal's family?

（3）What did Crystal's grandfather have to do when he was a kid?

小组讨论这些问题，做出回答；请各小组代表回答上述问题，看哪一组回答最好。请各小组根据表格内容，复述3a短文，推出本组代表开展复述课文比赛，评出最佳小组。各小组谈论三位外国朋友Steve、Kathy和Elise的生活情况，要求使用现在完成时态。

（1）各小组开展讨论，谈谈自身的生活情况。

A: Have you done…?

B: Yes, I have./No, I haven't. I have…

（2）各小组派一名代表来谈论本组的其他成员已经做过的事情，要求他们使用现在完成时态。本节课即将结束时，请同学们谈谈有哪些收获。学生通过所学知识谈论自己的生活，互相提问，了解他人的生活情况，贴近学生的生活，容易激发兴趣。

Robinet说过："优秀的教师总是充分利用最有效的教学方法和最好的教学材料。"作为教师，只有全面了解学生、科学分析学生，才能真正知道他们的知识内驱力，才能更好地驾驭课堂，把主动权还给学生，优化教学策略。

参考文献

[1] 杜威. 我们怎样思维·经验与课程 [M]. 姜文闵，译.北京：人民教育出版社，2004.

[2] 苏霍姆林斯基.给教师的100条建议 [M].杜殿坤，译.北京：教育科学出版社，1984.

［3］中华人民共和国教育部.义务教育英语课程标准（2011年版）
　　［M］.北京：北京师范大学出版社，2011.

［4］叶奕乾，何存道，梁宁建.普通心理学［M］.上海：华东师范大
　　学出版社，2003.

［5］吴庆麟.教育心理学［M］.上海：华东师范大学出版社，2008.

教研成果篇

英语新课程标准下的课堂有效教学
策略的几点思考

英语新课程标准指出，教学过程中要始终体现学生的主体地位，教师要充分发挥学生在学习过程中的主动性和积极性，激发学生的学习兴趣，营造宽松、和谐的学习气氛，强调学生为主体、教师为主导，学生应是教学活动的中心。提高课堂教学的有效性已经成为教师追求的一种教学常态，成为达成教学目标的最佳策略。提高课堂教学有效性的实践与思考，已经成为新课程教学推进中许多教师的一种共识。因此，作为初中英语教师，我们必须高度重视英语课堂教学的有效性，努力提高课堂教学效率，充分发挥课堂教学的主渠道和主阵地作用。

在初中英语课堂教学中有一个这样的现象：教师教得苦，学生学得累，而学生的学习能力和潜力却没有得到很好的挖掘，教师和学生都感到很困惑。随着新课标的深入实施、素质教育的全面推进、教学改革的广泛开展，既要保证有一定水准的教学质量，又要能减轻学生过重的负担，让学生乐学、会学，教师能教、善教，实现师生共同发展，已成为全体教师的共同追求。2013年1月，我们承担了省级课题"国培远程培训下的初中英语有效教学模式的构建研究"。在本课题研究的过程中，我们在英语课堂教学中注重课堂教学有效性的尝试与实践，坚持以生为本，立足于激发学生学习兴趣，灵活运用教学方式，积极构建有效的课堂教学模式，收获了英语教学的独特喜悦。

一、关注学生兴趣，保持主动学习的有效性

捷克教育家夸美纽斯指出：兴趣是一条创造欢乐和光明的教学环境的主要途径之一。新课标强调兴趣是人们力求认识、探究某种事物或从事某种活动的心理倾向，浓厚的学习兴趣是启发思维的重要条件，它为思维活动提供了动力，丰富了学习者的想象力，从而提高学习效率。也就是说，只有在主观上愿意学、有兴趣、有好习惯的学生才有可能学好英语。因此，在英语的学习过程中，使学生的情感态度发生变化，积极参与是必不可少的。为此，教师要走进学生的生活，关注学生的兴趣和爱好，要对学生有较多的了解，了解他们的认知水平。我们在平时的教学中可以通过联系生活实际，增强学生的情感体验，注重学生主动学习的有效性，使课堂教学充满情趣和活力。实践证明：只有让学生对英语学习产生浓厚的兴趣，才会使学生产生强烈的求知欲望，学生才愿学、爱学、乐学。那么，怎么激发学生学英语的兴趣呢？

1. 创设情感氛围，保障课堂教学的有效性

众所周知，良好的师生关系是正常教学、提高教学效率的重要保证，是新课程标准与教学理念的要求。为此，教师要迅速更新教育观念，加强自身修养，不断充实完善自我，树立"育智慧学子，成多彩人生"的意识，努力创建平等、民主、和谐、教学相长的新型师生关系，保障新课程的实施，推动素质教育与和谐教育的发展，为学生的终身发展奠基。在平时的教学中，关注学生在英语学习上的情感态度，多给些关爱，成为他们的良师益友，做到与学生的心灵息息相通，让学生充满梦想和希望，从而对课堂教学的有效性起到十分重要的作用。

例如：在教《英语（新目标）Go For It》八年级下册"Unit 1 *Will people have robots*？"时，以"What will happen in the future？Will there be any robots？Do you think you will have your own robot？"这些提问，让学

生们发挥想象，各抒己见。由于学生们对这些话题很感兴趣，愿意进行谈论，并且在谈论中运用本单元的重点句型"There will be..."，因此学生在一种宽松、民主、和谐的氛围中自觉运用所学知识，从而达到了让学生在无形之中习得语言的目的，教学由此实现了由难到易、由繁到简，大大提高了课堂教学的有效性。

2. 创设体验氛围，提高教学效果

俗话说"近朱者赤，近墨者黑"，说的是环境，即氛围对人的巨大影响作用。教师如果能为学生提供一个良好的学习体验氛围，就能强化体验，达到提高教学效果的目的。教师鼓励学生发表自己独特的想法，并让学生畅所欲言，表达自己的情感体验，有利于学生创新能力的培养。在《英语（新目标）Go For It》七年级下册"Unit 7 *What does he look like?*"这堂课中，让学生谈了对自己、父母以及身边人物的看法："What do you think of...? What does he/she look like?"学生把话匣子打开后，都从不同的角度谈了自己的看法，使得人物更加突出，更有立体感。

S1：My father and I are tall, and we both have short straight hair. But my mother is of medium height, and she has long curly hair.

S2：My best friend is very short, and he has short straight hair.（连平时不愿回答的"学困生"也举了手，虽不是很流利，但毕竟还是回答了。）

S3：Yao Ming is very tall and he has short straight hair.（很多学生还联想到了他们所喜爱的体育明星，并且向这些明星们表达了为其奋勇拼搏、为国争光而致敬的思想。）

在课题研究以及英语课堂教学过程中，我们经常以学生的活动为主线，激励学生主动参与，主动思考，主动创造。围绕学生们感兴趣的话题来展开英语课堂教学，并在实施的过程中，有规律地对学生进行引导，让学生全身心地沉浸在一种愉快和轻松的课堂气氛中，同时也处在一种渴求知识的最佳状态中去获取情操的陶冶、知识的掌握和能力的形成。此外，也能让学生动起来，以活动来促学英语，以活动来促发展，让学生的思维在活动中充分地调动起来，这样才能真正地吸引学生的眼球，他们才会发自内心地想讲英语、想表现。事实上，这种提高课堂教学的有效策略，也是英语新课程标准中"任务型教学法"的一种具体体现。

二、创设语言情境，提高能力发展的有效性

1. 创设真实有趣的情境

语言总是和情境连在一起的，没有没情境的语言，有了情境学生才印象深刻。声、形、意有机结合，学得才有趣，掌握才准确。因而创设一些真实有趣的情境，将学生置身于情境之中，在自觉和不自觉的状态中去看、去听、去说、去感觉，达到最终的英语教学目的。例如，采用"每日的值日生报告"，即每天安排班里的一名学生用英语作三分钟的报告，学生可以用英语讲故事、可以用英语演讲、可以用英语报道新闻等，也可以根据教材的内容，采用多种不同的表达方式。在教学生学习《英语（新目标）Go For It》七年级下册"Unit 12 Don't eat in class"一课时，我就直接利用了学生在校期间的真实情境，让学生们用"Don't..., Can you...? Do you have to...? What else do you have to do？"等一系列句型，对学校的校纪校规进行回顾。由于是学生熟悉的话题，是学生身临其境学习的场景，学生们能够有话可谈，使他们能够在潜移默化中接受、运用和真正掌握知识。

2. 创设模拟的情境

运用多种直观的教学用具，如实物、图片、模型、简笔画、录音机，甚至是学生自制的教具等。将抽象的语言与客观实际联系起来，有利于训练学生"用英语思维"，避免不必要的翻译。也可针对这个阶段学生模仿性强，对具体形象的内容较易接受的特点，激起学生兴趣，加深对英语字、词、句的理解和记忆。在学生学习《英语（新目标）Go For It》八年级下册"Unit 5 If you go to the party, you'll have a great time"一单元时，通过设置一个"举办生日晚会"的情境，让学生们置身于这一模拟的情境

教研成果篇

中，想象为某位同学过生日，发挥想象，进行语言交际，培养英语听说的能力。

三、引入竞争机制，增强教学参与的有效性

初中学生活泼好动，争强好胜，勇于自我表现，这种天性注定他们喜欢竞赛活动。因此，将竞争机制引入英语课堂教学中来，是一种促进学习的行之有效的形式。例如，我们经常将日常口头操练用语变化成竞赛用语：问答可以来一个"抢答"比赛，单词听写来一个"单词记忆冠军"竞赛，背课文来一个"背诵比赛"，此外还有英语书法比赛、英语猜谜大赛、英语手抄报比赛、英语演讲比赛、英语辩论赛等。也可以采取小组合作竞争的方式，让学生在合作中学会合作、学会学习，掌握英语知识、方法、技能、技巧等英语学习策略，同时在小组竞争中获取乐趣。

英语课堂上适当的竞赛，学生乐于参与，乐于争先，乐于学习，这就调动了全体学生学习英语的积极性，教学效果要好得多。我们在课堂教学中经常采用这种方法，有效地提高了所带班级的学生学习英语的热情，使班里每个学生的成绩都有了不同程度的提高。2007年，襄樊市第三十二中学中考英语成绩居全市第一。

四、实施教学评价，提高课堂教学的有效性

有效的课堂教学活动，还需要评价手段的支持。教师应及时评价学生的课堂活动，使他们能从教师的反馈中获取信息，并反思自己的学习状况，提高学习热情。激励性是评价的要素之一。我对学生的出色表现都及时给予表扬和鼓励，或是通过口头表扬，或是通过肯定的眼神或动作（如点头等）；对其不足之处则以委婉的口气提出一些建议。在一般情况下，我们应区别对待学生在课堂活动中所犯的错误：如在强调口语流利性的活动中，我们经常让学生多开口，少纠错；在强调准确性的活动中，我们则适时适当多纠错。我们还让学生进行自我评价。评价时，注重学生学习的

过程与结果，特别关注学生学习的过程。

例如，要求学生对自己的作业情况做出较为客观的真实的评价（如表1所示），以达到增强学生学习英语的自信心、激发学生学习英语的兴趣的目标。每次作业，都要求学生根据认真程度、完成的质量、完成的数量给自己进行等级评价，一月一总评，累加入学生个人分，小组分用"VeryGood、Good、OK"三个档次进行评价。最后用作业展示评价，使评价真正服务于课堂教学，成为提高有效性的一种手段。

表1　襄阳市诸葛亮中学学生英语作业自我评价表

姓名：　　　　　　班级：

日期	认真程度	完成的质量	完成的数量	自我评价

五、实施有效课堂教学，教学效果显著

本次实施有效课堂教学的实验过程，都采用实验班与对照班实施英语教学评价。过一段时间，在不通知、不做任何复习的情况下进行测试，其目的是检验学生的学习效果。测试后全班进行统计（或抽样统计），用科学统计法计算出标准差（或计算出平均成绩和及格率等），就可以比较出教学效果。襄樊市第三十二中学的两次抽测结果（见表2、表3）表明，从平均分到及格率、优秀率、综合指数，实验班都超过对照班。

表2　第一次抽测结果（2013年9月）

班级	人数/人	低分率/%	及格率/%	优秀率/%	平均分/分	综合指数
八（8）班（对照班）	79	4	82	73	71	0.83
八（6）班（实验班）	81	2	95	86	91	0.903

表3 第二次抽测结果（2013年10月）

班级	人数/人	低分率/%	及格率/%	优秀率/%	平均分/分	综合指数
八（8）班（对照班）	79	0	95	75	86.4	0.898
八（6）班（实验班）	81	0	100	98	92.6	0.971

2013年，襄樊市第三十二中学英语期末成绩居樊城区前列。襄樊市第三十二中学学生学习英语的积极性高，他们爱学、乐学、活学、活用英语，英语成绩不断进步，英语口语也有了极大提高。

总之，我们认为，有效的课堂活动能调动学生的学习积极性，激发学生的认知需求，培养学生的创新精神和实践能力，促进学生的发展。教师要提高课堂活动的有效性，这样教学才能有序、高效地进行，才能达到知识与技能，过程和方法，情感、态度与价值观三维目标的和谐与统一。因此，我们还将不断努力，进行英语课题研究，在英语课堂教学的有效性方面探求新路子，多下真功夫，把英语课堂教学真正落到实处，使襄樊市第三十二中学的每一位学生在英语方面都能喜欢学英语、用英语，并有不同程度的提高。

参考文献

［1］蔡勤霞，孙凌曦.中学教师课堂教学技巧［M］.北京：华语教学出版社，1998.

［2］朱慕菊.走进新课程［M］.北京：北京师范大学出版社，2002.

［3］郑金洲.教师如何做研究［M］.上海：华东师范大学出版社，2005.

［4］胡壮麟.语言学教程［M］.北京：北京大学出版社，2008.

［5］王道俊，王汉澜.教育学［M］.北京：人民教育出版社，1999.

改革教学方法 创设高效课堂

——5P教学实验报告

一、课题的提出

2010年，我们课题组结合学校的教育教学改革和学校的办学理念"教学生三年，要为学生想三十年"，开展了"运用5P教学模式创设英语高效课堂"的课题研究。5P教学模式的运用，改变了学生的学习方式，更新了教师的教学理念，优化了课堂教学结构，提高了英语课堂的效率。现对本次课题研究的情况，总结如下。

1. 明确分工与研究计划，确保实验工作正常开展

2010年3月开始，成立由教研组长任组长，全体英语教师参加的英语课题研究小组，进行了明确的分工，把课题分解落实到人和班。

开学初，研究小组制订了严格的课题研究计划，要求每个成员严格遵守课题研究小组的纪律，听从安排，服从决定，积极参加课题组的研讨会，积极做好课题组的各项研究工作，确保整个课题研究工作的顺利开展。

2.重视学习理论知识，进一步提高教师素养

（1）认真完成教学工作，注重加强理论知识的学习。

① 掌握相关理论，提高素养。组织教师从课本上、书刊上阅读有关5P教学模式的相关知识，提高自己的理论素养。

② 组织研讨，把握要点。在课题组研讨会上，教师们都能结合各自的教学实际，交流5P教学模式的学习体会，5P教学模式各环节的目的、意图、操作要点和应注意的问题等，相互之间获取经验。

③ 思考问题，充实理论。在遇到实际问题时，积极从书上、网上寻找理论解答，充实理论库存。并在教学实际中进行实践探索。

④ 争取机会，外出观摩。为使课题组成员尽快成长，我们还积极争取学习机会，尽可能多地组织教师们外出观摩学习，积极参加兄弟学校的课题研究活动，以开阔眼界、提高自身专业水平。如2010年11月，课题组成员们就赴南京溧水县东庐中学，参加了"江苏省高效课堂模式的研究"的考察学习，2011年4月，我们又到湖北咸宁嘉鱼城北中学考察学习。这些学习，使课题组成员们进一步明确了高效课堂的真正含义，对自己所从事的课题研究有了更深刻的认识。

经过深入学习和研讨，我们把课题组"高效课堂建设"的目标定位为：运用5P教学模式充分创造机会，引导学生全面参与，促进各层次学生积极、生动、愉快地参与语言学习和实践，促成不同层次学生均有所发展。

（2）专家引领，加强理论指导。

在课题研究工作中，我们课题组还多次邀请市教研员曹松山老师、区教研员张才轶老师来襄樊市第三十二中学指导课题研究工作。曹松山老师、张才轶老师到校听课、听报告、评课，都提出了具体的指导意见，对我们的课题研究工作帮助很大。他们的指导，极大地调动了襄樊市第三十二中学课题组成员参与5P课题研究的积极性，促使教师们聚焦课堂，关注5P教学模式教学，为实现英语高效课堂而努力探索。我们课题组也在5P课题研究中及时调整，不断充实和完善。

二、实验的设计

1. 实验题目

5P教学法。

2. 实验对象

初一两个班。实验班初一（2）班85人，对照班初一（15）班85人。两个班都是新生班，班级学生均按正常招生范围入学，正常编班，均为平行班，实验中学生不随意增减，保持人数稳定，教师配备未做任何挑选，其工作量不变，教材均采用人教版《英语（新目标）Go For It》及配套材料，未做任何增减。开学初第一次检测，实验班平均成绩为71分，对照班成绩为80分。

3. 实验时间

2010年3月到2013年7月。

4. 实验目的

通过5P教学，提高学生运用语言进行交际的能力，以达到运用语言、提高课堂效率、创设高效课堂的目的。

5. 实验方法

实验班和对照班每周都是8节课。实验班采用5P教学模式开展教学，对照班运用传统的教学方法教学。

三、加强课堂教学实践，探索实验新方法

课堂是教学的主阵地，那么，怎样运用5P教学模式以达到创设英语高效课堂的目标呢？我们具体做了如下工作。

1. 课前准备充分，教学生学会预习

对于学生课前准备什么有着明确的要求，具体来讲分以下四个步骤：

（1）在课文中标记出新词汇，并要求学生用简单的英语解释这些词汇；

（2）试着朗读课文，并让学生在不会读的词下标上"△"，查字典注出音标，再试着读几遍，接下来让学生写出自己仍然不会读的单词；

（3）资料搜索，要求学生搜索与本节课有关的资料，如老师在讲《英语（新目标）Go For It》七年级上册"Unit 9 *Do you want to go a movie？*"这

一课时，要求学生搜索各种电影的名称、电影海报、电影明星等；

（4）自主探究，引导学生探究本节课需要掌握的内容。

2. 呈现新知，激发学生兴趣

教师可以运用不同的形式或创设不同的语境来介绍新的语言知识，比如用实物、动作、图画、简笔画、多媒体课件、英语解释、汉语解释等。

3. 反复操练，巩固学生知识

运用"boys and girls、team work、group work、 chain drill、one by one"等多种形式让学生进行多种方式的操练，要求学生对每个单元的标题句、语法要点(Grammar focus)、复习自评检测(Self check)的主要句子大声朗读，做到人人上口、个个过关。

4. 发散拓展，培养学生能力

通过设置任务，模拟真实的环境。运用语言，发展学生的综合语言运用能力。学生可以通过自己课前准备的材料，运用新语言、新句型完成真实的交际任务（real tasks）。例如，学生喜欢的文体明星以及自己身边的家人、朋友、同学等，都可成为交际任务的主角。学生分组讨论，每组推荐一名代表交流汇报。

5. 巩固检测，引导学生评价

引导学生进行互评，评出优秀小组、优秀组员等，进一步激发学生参与活动的积极性。

最后，通过自评、互评和小结，让学生在评价中反思，在反思中进步。课堂评价包括对每节课的小组的课前预习和学生的课前其他作业的评价。如查找资料，自制图片等。同时也包括小组朗读、探究、表演、讨论、矫正等。这些均以小组为单位，进行加分比赛。为此我们设计了课堂评价表，将课前演讲、认真听课、回答问题、对话、朗读课文、表演、游戏、竞赛等内容列入表内，由任课教师逐周填写，然后再进行自评和互评。

四、开展多种活动，全面推广5P教学模式

"好课我落实""好课我来评""好作业我来秀"等一系列论文评选及赛课活动为英语组课题研究的开展搭建了平台，起到了很好的促进作用。活动中课题组教师很好地展示了风采。各年级备课组每周推选一名代表，运用5P教学模式开展赛课活动，其他所有英语教师到现场观摩—评课—探讨—实践—再次上课，并形成文字。提前一天通知三个年级备课组的参赛教师，全组其他教师共同参与。第二天正式比赛时，由参赛课的教师具体实践5P教学，全体课题组成员共同参与。在比赛结束后，教师们及时对5P教学模式进行探讨，对参赛选手所讲的课进行点评，不断调整5P教学策略，这样做极大地提高了5P教学模式的实践性。

我们课题组还组织了"赛备课活动"，即由各年级备课组推选一名教师到指定的赛场，运用5P教学模式，进行备课比赛活动，再由课题组成员对参赛的教案进行评比打分，并且讨论研究，提出自己的看法，谈优点，提问题，再及时调整5P教学的具体措施。这些活动真实有效，促使5P教学模式在襄樊市第三十二中学全面铺开与推广，极大地提高了课堂效率。

五、实验的结果

1. 学生更加积极主动地学习英语

随着"5P"教学模式的开展，学生不再是被动的知识接受者，而是在教师的引导下，积极主动地学习语音、词汇以及语法等基本语言知识，并不断积累词汇和句型，很多学生都能背诵经典文段，并能做到学以致用。

2. 学生提高了综合语言运用能力

教学过程中的Preparation和Production阶段需要师生之间、生生之间互动合作。学生会利用各种渠道获取信息，如上网、采访、收听视听材料和交谈等，来使课堂的互动环节更加丰富多彩。

3. 学生学习成绩进一步提高

为了检验5P教学模式实施的效果，我们在初一年级中选择一个实验班和一个对照班进行实验，在实施5P教学模式一段时间后进行测试，以检验学生的学习效果。测试后进行全班统计（亦可抽样统计），再用科学统计法计算出标准差（或计算出平均成绩和及格率等），就可以比较教学效果。从襄樊市第三十二中学的两次抽测结果（见表1、表2）可以看出，实验班都超过了对照班。

表1　第一次抽测结果（2011年3月）

班级	人数/人	低分率/%	及格率/%	优秀率/%	平均分/分	综合指数
初一（15）班（对照班）	85	5	82	73	71	0.83
初一（2）班（实验班）	85	2	85	76	80	0.86

表2　第二次抽测结果（2011年5月）

班级	人数/人	低分率/%	及格率/%	优秀率/%	平均分/分	综合指数
初一（15）班（对照班）	85	1	84	81	82	0.89
初一（2）班（实验班）	85	0	87	85	91	0.96

由此可见，经过一年的5P模式教学，实验班的英语水平有了明显提高。

4. 教学成就突出，师生共同成长

襄樊市第三十二中学学生获奖人次在襄阳市名列前茅。近年来，在湖北省中学生英语口语比赛中，襄樊市第三十二中学有3人获省一等奖，1人获省二等奖，20多名学生获得市级奖。课题组教师以极大热情投入到课堂教学模式改革中来，提高了课堂教学质量。在2010年初三年级期末抽考中，襄樊市第三十二中学英语成绩保持了在全区的优势地位。其他年级的期末考试成绩也都非常优秀，人均分及格率都达到90%。很明显通过课题研究之后，学生们的成绩有了不同程度的提高。

2010年，襄樊市第三十二中学有3位教师的论文获得省一、二、三等奖，其中我还应人教社邀请赴北京参加颁奖仪式和学术交流。2010年12月8日，在襄阳市为南阳师范学院举办的"国培计划交流示范课活动"中，一位老师讲了一节5P教学模式示范课，我作了"加强教研组建设促进教师专业发展"的经验介绍。2010年12月16日，在襄阳市为襄樊学院举办的"国培计划交流示范课活动"中，一位老师讲了一节示范课，我作经验介绍，两位老师进行了评课。2010年，杨晓燕老师获得湖北省说课一等奖，她采用的是运用5P教学模式设计教学环节的方式，给在场的专家评委留下了深刻的印象。参加以上活动的专家和教师们在点评时，对襄樊市第三十二中学基于5P构建的教学模式给予了高度的评价，认为它是实用和高效的。

最近几年，随着襄樊市第三十二中学办学规模的不断扩大，大批新的年轻教师充实进校，他们是我们5P教学模式的直接受益者。今后我们还将响应学校提出的"减负增效"的口号，全面贯彻襄樊市第三十二中学"教学生三年，要为学生想三十年"的办学理念，运用5P教学模式，就提高英语课堂效率和学生的综合素质等问题进行有益的探讨，构建高效英语课堂，使襄樊市第三十二中学真正成为一所高质量、低负担、高效率的特色学校。

参考文献

［1］程晓棠，郑敏.英语学习策略［M］.北京：外语教学与研究出版社，2002.

［2］中华人民共和国教育部.英语课程标准（试验稿）［M］.北京：北京师范大学出版社，2001.

教研成果篇

打造学生心目中的"Fans Teacher"形象

——初中英语教师运用交流艺术之我见

众所周知，英语学习对"人"这一客观主体的要求是："会教"的教师，加上"会学习"的学生，学生才能学会听、说、读、写。英语教学的基本目标就是教会学生听、说、读、写"英语"，这一点大部分学生都可以做到；而更高目标是让学生会运用所学词汇、语法句型，这对教师和学生的要求就更高了。同时，英语教学的本质是"语言"教学，语言教学的目的是交流。我就是抱着这种"让学生听懂、学会和应用英语"的"终极英语教学"思想，和学生共同学习英语。

英语学习需要大量的练习，但反复的操练时常会让学生感觉疲惫不堪，有时甚至会产生厌恶的情绪。如何让学生激情昂扬，热血沸腾，爱上英语，会学英语？我认为在此过程中，重要的是英语教师成为学生心目中的"Fans Teacher"，学生们才能"亲其师，信其道"。我一直努力做学生心目中的"Fans Teacher"，并且做了以下几方面的尝试。

一、纲目并举，情感沟通艺术为纲，学生主体作用为目

外语教学专家Chuman认为，情感与性格是启动认知技能发生作用必不可少的发动机。初中英语教学不仅是知识的传授，更应该是一种情感的交流。教师在交流活动中要重视"以人为本"，注重在英语教学中对学生

的情感关注和情感教育，把对学生的情感关注与英语认知教育高度统一起来，把情感教育真正融入初中英语的日常教学中，使学生在积极、快乐、自信和和谐的教学氛围中增长知识，锻炼能力。因此，教师应在英语教学中与学生进行情感交流，使学生感受到语言学习所带来的成就感，真正实现让学生的智力与情感同步发展，达到有效教学的目的。2012年暑期在英国培训的学习中，我真切感受到英语教学需要英语教师对学生的爱、对英语教学的执着。充满爱的教学必定是一种爱的教育，充满爱的教育才能实现人与人之间心的交流。"浇花浇根，教人教心。"只有我们教师具备了爱心，让学生感受到爱，才能激发其学习动力，使其对学习产生兴趣，学生才能真正"亲其师，信其道"。在教学中，我总是不到一周就能记住全班八九十名学生的姓名，这能让学生感受到老师对自己的关心，感受到教师的人文关怀。叫得出学生的名字，就能实现英语课堂上的交流，为英语语言交流做好铺垫，也让学生体会到老师的那份在意和尊重。操练时我不断点名，课堂上此起彼伏，学生参与面广，积极性更高，在这种操练中学生注意力高度集中，原本枯燥的操练变得有趣了。由于了解学生情况，可以根据问题难易程度，点学生来回答问题，使不同层次的学生都有所提高。

暑期在英国培训期间，在平时的英语教学中，我经常对学生说："In my eyes , all of you are good children. You can try your best to be good students. I'm sure you all can do it."我班有位王姓同学，英语从来都是低分，以前从来不做英语作业。我发现他属于人际智能型，因此我就从和他交流做起，经常跟他拉拉家常、聊聊天。他上学迟到了，我给他买面条和鸡蛋；他生病了，我给他端上热水、送上药片；他进步了，我及时肯定。慢慢地，他不仅能主动背单词了，而且也能写几个句子了。他的举动也极大地触动了班里的其他"学困生"，他们每天都主动学习英语，甚至开始学着用英语表达自己的想法。2011年英语中考，王同学竟然取得了72.5分的好成绩。中考成绩下来，他第一个给我发来了短信报喜。

二、教师仪表修养艺术为辅，打造学生注意张力为主

斯特维克认为："教师营造的课堂氛围极大地影响着学习动机和学习态度。"教师个人的整体形象设计也是营造课堂氛围的要素之一，包括教师个性、气质、服饰、仪表等，这些因素虽对教学无直接的影响，但间接地影响着课堂的气氛及效果。现今的中学生，接受能力强，模仿学习快，教师的仪表打扮、言行举止都会对他们产生影响，端庄得体的仪表会使学生更专心听课，同时使学生领略到美。因此，教师首先应具有良好的精神面貌。每节课都要精力充沛、神采飞扬。

三、凸显语言沟通艺术魅力，促进师生英语交流互动

1. 运用启发语言，启迪学生思维

英语课堂教学过程中，连贯性地提问，培养学生思维的连贯性。有一次上课，在讲到《英语（新目标）Go For It》九年级Unit 2 Reading *He used to cause a lot of trouble*这篇短文时，问学生："1. Look at the picture. Who is the boy？ 2. What is he doing in the picture？ 3. What did he use to be？ 4. Why did he become a problem child？ 5. Did the telephone change him？ Why？ 6. Does he change now？ What does he say in the end？"通过一系列的问题，培养了学生的逻辑思维能力，也激发了学生学习英语的兴趣。学生们对Martin Murray这个和他们年龄相仿的孩子产生了兴趣，很想去了解Martin Murray的事情，对他的变化产生了好奇，甚至产生了思想上的共鸣，如渴望父母对自己的关注，时刻想引起父母对自己的注意，等等。

2. 巧用生动语言，激发学生兴趣

教师在教学中，运用妙趣横生、形象生动的语言，牢牢吸引学生的注意力，使学生的学习活动化难为易、变枯燥为有趣，在活跃、愉快的课堂气氛中，获取知识，提高技能，从而达到教学的目标要求。如在教《英

语（新目标）Go For It》八年级上册"Unit 11 *Could you please clean your room*？"SectionA（1a—1c）时，我扮演妈妈，学生扮演子女，一起做家务，由于表情丰富，加上合理的身体语言，学生马上就被有趣的情景所吸引，收到了很好的学习效果。

3. 使用激情语言，感染学生情绪

英语教师在课堂教学中，要用清楚、准确、富有激情的语言，传授知识，教育学生，并使学生受到感染，产生心理上的共鸣，从而达到感知教材、加深理解、促进思维、巩固记忆的教学效果。如：国庆节长假过完，热情洋溢地对学生说："Long time no see. I miss you very much. I had a great time during the National Day. What about you？ How was your vacation？"一系列的交流拉近了与学生之间的距离，也引入了话题"What did you do？"。在特定的情境中，与学生展开真心交流，在互动与交流中引发思维碰撞，学生进而产生感悟。

四、高效动态沟通艺术，提升学生交际能力

美国研究非语言交际的权威查理斯·格勒佛博士经过长期反复研究后得出：在人们的日常生活中，交际信息总量的93%是非语言渠道传递的，只有7%的信息是通过语言传递的。其中脸部表情传递55%的信息，声音语调传递38%的信息。由此可见，非语言交际的方式被人们广泛地使用着，课堂教学也不例外。非语言的交流主要包括教师的面部表情、动作、声音与个人整体形象等方面。非语言交流艺术的独特魅力正以其微妙的力量在课堂教学中发挥着作用，并直接或间接地影响着教学的效果。眼神是心灵的窗户，目光是情感的自然流露。老师的目光成为一座沟通感情的桥梁。一个激励的眼神、信任的眼神、爱的眼神，反映出关爱、同情、好感、关怀、赞成与支持，等等。如，在教授《英语（新目标）Go For It》九年级"Unit 2 *I used to be afraid of the dark*"Section B 3a时，教师可以激情唱响歌曲*Yesterday Once More*："When I was young, I'd listen to...", 激发学

生的积极性，也顺利导入短文3a的内容。"演"是让学生熟练掌握句型和课文，增强运用已学词汇的能力，提高口语表达水平的有效活动。如教《英语（新目标）Go For It》九年级Unit 12 *You're supposed to shake hands* Section A时，扮演不同国家的人们，在第一次遇见某个人。采用不同的方式礼貌待人，扮演中国人见面时握手互致问候，扮演朝鲜人见面时相互鞠躬问候，扮演巴西人见面时接吻。"画"是最直观有效的手段，能提示语言与事物之间的本质联系，容易激发学生兴趣。"玩"能在课堂上做游戏时帮助学生在轻松有趣的活动中掌握一些较难记忆的语言项目。正如英语新课程标准所说，语言知识的学习要以语言运用为目的，教学不能为了教知识而教知识，而要把知识的学习实践活动以及语言的实际运用和所在的情景紧密结合起来。如：为了让学生学会有关"Health"《英语（新目标）Go For It》的话题，可进行言语表达，创设教学活动：（1）把讲台当医生诊所等，带药、听诊器来；（2）师生分别扮演"医生"和"病人"进行购物情景对话；（3）引导学生着重掌握"What's the matter? When did it start? You should... I hope you feel better soon"等语言知识，使学生由"感性接触"到"理解表象"，进而运用学到的语言材料尝试交际性操练，充分展示主体的能动作用。

我所带的学生热爱英语学习，热爱生活，热爱工作，懂得感恩。我认为，正是教师对学生的爱，唤醒、激励和鼓舞了学生，使教师真正成为学生们喜爱的"Fans Teacher"，使学生乐意学英语，快乐运用英语！只要英语教师真心热爱英语教学，真心为学生着想，真心关爱学生，善于和学生交流沟通，就能成为学生心目中的闪亮明星！

参考文献

［1］中华人民共和国教育部.英语课程标准（实验稿）［M］.北京：北京师范大学出版社，2001.

［2］王松美.中学英语课堂教学技能训练［M］.长春：东北师范大学出版社，2004.

［3］杨文滢.论教师话语的最佳效能［J］.教育探索，2001（1）.

［4］Earl W. Stevick. Teaching languages：a way and ways［M］. Rowley, M.A.：Newbury House，1980.

教研成果篇

发挥多媒体优势　激活英语教学

英语新课程标准提出：英语课程要积极利用音像、电视、书刊、网络信息等丰富的教学资源、拓展学习和运用英语的渠道；积极鼓励和支持学生主动参与课程资源的开发和利用。在中学英语教学中，为了激活英语教学，让学生积极参与课堂活动并感知吸收和消化语言知识，许多教师都尽可能地使用各种现代化的教学手段。多媒体教学是较为流行的一种教学手段。的确，多媒体教学比传统的电化教学更直观、生动，更能激发学生学习英语的兴趣。

传统的教学方法和教学手段不能很好地解决英语教学中的某些问题，会限制学生思维，阻碍学生进一步学习。而多媒体课件以其图形、文字、图像、动画、声音等多种功能作用于学生多个感官，既容易解决"动"的问题，又不改变问题的性质。能吸引学生的注意力，激发学生的学习兴趣，使其积极主动地投入到英语学习中。尤其是在突出教学重点，突破教学难点，诱导学生思维，培养学生丰富的想象力、深入的探究力、不懈的创造力以及提高学生素质等方面，体现了现代教育技术的强大优势。

一、运用多媒体课件，优化英语教学模式，提高课堂效率

我国传统的教学方法存在着三大弊病：①在教学方式上采用"老师讲学生听，老师写学生记"的呆板方式；②重知识的传授，轻思维能力的培养；③兼顾学生的共性，忽视学生的个性。这种重教轻学的教学方式不重

视研究学生独立获取知识、学习的全过程，使学生处于被动地听、消极地接受老师所讲授知识的状态。由此可见，在生活节奏快、知识飞速增长和更新的今天，传统手段下的英语教学模式已不能满足现代教学的需要，必然且必须引进现代化教学手段——计算机辅助教学。

当然，由于各种因素，多媒体课件还存在着一些令人不满意的地方。例如，"重视形象思维、忽视抽象思维""重视媒体的外在美、忽视媒体的内在美""重视不恰当的追求多媒体、忽视过多媒体对教学的不良干扰"等。这些问题影响了英语教学所要达到的重要目标之一，即创新意识和能力的培养。

教学实践告诉我们，传统手段下的教学模式和现代教育技术手段下的教学模式都有各自的优点和缺点，若能把两者有机地结合起来，取长补短，相互促进，即"讲授法+演示型课件"，则是比较好的英语教学模式之一。

例如，《英语（新目标）Go For It》八年级上册"Unit 6 *I'm more outgoing than my sister*"在实际教学中就有一定的难度。本单元的话题是谈论人物性格和比较人物，若按照传统的教法单纯讲授，学生则会感觉枯燥乏味，而且很不直观，容易让学生产生歧义。为了使学生对所学知识尽快入门并产生兴趣，我设计了以下多媒体课件：

（1）利用电脑画面展示了几个学生熟知的性格不一的人物，如主持人李咏、白岩松等。

（2）通过比较人物性格、外形引出形容词的比较级。例如，Li Yong is more outgoing than Bai Yansong. Bai Yansong is more serious than Li Yong. Li Yong is taller than Bai Yansong.

（3）利用视频让学生观察人物性格、外形并练习形容词的比较级。

（4）利用PowerPoint设计小结，使学生对形容词的比较级有更深刻的了解。

整节课讲授、启发、演示有机地结合起来，内容一环扣一环，环环都落实在本节的重点和难点，即形容词的比较级上。课件图文并茂、动静结合、重点突出，有丰富的感性材料。实际中需要解决的问题引起学生极大的兴趣，特别是人物外形的直观演示，使抽象的问题直观化，能启迪学生思维、开发智力，体现了英语新课程标准的"以学生为主体，以教师为指导的学生自学"的教学新理念。

二、运用多媒体课件，创设问题情境，优化教师的教

1. 直观演示，采用动静结合，突破教学难点

语言的抽象性是英语的特点之一。在课堂教学过程中往往会遇到一些事实、现象，学生不能亲自体验、感知，教师难以用语言表达清楚，这样就不能很好地把知识传授给学生，达不到预期的教学效果。

若能利用多媒体课件具有较强的表现时间、空间、运动和静止状态的技术特征，将不易观察到的事实、现象、知识发生的过程展现到学生面前，帮助学生通过感知来学习、掌握和运用知识，将有利于突破教学难点、节省教学时间、提高课堂教学效率。例如，在教授《英语（新目标）Go For It》八年级下册"Unit 3 *What were you doing when the UFO arrived*？"中，对于文中出现的UFO、alien等词，学生并不熟悉，如果采用多媒体课件，将其以图片、视频的形式展示在学生面前，相信学生会为之一振，激发学习热情，产生学习英语的动力。而本单元的难点——过去进行时态也会在此过程中得以突破，利于学生消化和接纳。

2. 创设情境，引导学生主动学习，培养探究意识

学生的求知欲望是对新异事物进行积极探究的一种心理倾向，是学生主动观察事物、反复思考问题的强大内动力。在英语教学中，运用多媒体课件，可以为学生创设丰富多彩的教学情境，增设疑问，巧设悬念，激发学生获取知识的求知欲望。例如，在教《英语（新目标）Go For It》八年级下册"Unit 2 What should I do？"时，采用创设情境的方式，形象直观地再现了一个女孩儿在家遇到的麻烦事，如argued with friends（与朋友争吵）、clothes out of style（衣服过时）、don't have enough money（资金不

足）、play CDs too loud（播放CD声音太大）等。提出问题 "What should I do？"，引导学生开动脑筋、拓展思维，帮她出主意、想办法，从而提合理化建议 "You should..."。

3. 设疑激趣，强化训练学生思维，培养创新能力

在英语教学过程中开发学生智力、培养学生的创新能力，有助于学生获得成功的喜悦和增强自信心，也有助于锻炼学生克服困难、探求知识的毅力。例如，在教《英语（新目标）Go For It》八年级上册 "Unit 4 How *do you get to school*？" 的过程中，通过在多媒体课件设计中出示各种交通工具，并且利用课件设计各种交通工具的鸣笛声音，让学生谈论用何种方式到达目的地。通过不断设置语言目标 "How do you get to...?"，引导学生自己达到目标。这种利用多媒体，从变换的角度创设问题情境，制造某种气氛和环境的方式，不仅能诱发学生的形象思维，使他们成为知识的发现者和知识掌握过程的支配者，更能使学生体验成功的喜悦。

三、运用多媒体课件，引导学生主动参与，优化学生的学

1. 激发兴趣，促使学生乐学

心理学告诉我们，好奇心是人们对新奇事物积极探求的一种心理倾向。由此可见，有了学习兴趣，就能产生积极的情感，学生的学习将是进取的、主动的、高效的。比如，在教《英语（新目标）Go For It》八年级上册 "Unit 3 *What are you doing for vacation*？" 时，给出几幅图片，采用遮掩法，指着图画，问学生 "What are you doing for vacation？"，引出本单元的话题，教学生学习谈论将来的计划。设计的多媒体课件能突破时间和空间的限制，利用图文并茂、动静结合、清晰直观的功能，在课堂上给学生提供多种信息，首先调动其非智力因素，使学生产生强烈的学习兴趣，解决学生 "想学" "爱学" 的问题。

2. 培养能力，引导学生会学

英语新课程标准指出，教师不仅要教学生学会知识，更重要的是教

给学生"会学"的本领，即培养学生终身学习的能力。例如，在教《英语（新目标）Go For It》八年级下册"Unit 9 *Have you ever been to an amusement park*？"时，在课堂上让学生通过观察、归纳、总结、猜想、发现，由直观、具体到抽象、一般，从感性到理性，强调知识结构建立、推广、发展的过程，善于总结出本单元的重难点，即现在完成时态。同时对学生进行学法指导，在实践中培养学生的能力，让学生自主学习，学会使用现在完成时态进行对话。

多年教学实践证明：我在教学中，发挥多媒体优势优化英语课堂教学模式取得了显著成果，学生普遍学习热情高昂、学习效率高效、学习成绩优异，我所带班级学生的英语成绩一直居年级前列。

我认为，多媒体组合课堂教学模式的产生为英语新课程改革增添了活力。现代媒体与传统媒体的有机结合，从不同角度、不同层次展示教学内容，使英语教学活动变得直观、形象，能增强课堂刺激的新颖性，引发学习心理机制，促成学习需要的产生。将多媒体计算机引入课堂，教学由注入式变为启发式后，不仅师生关系发生了变化，师生的行为角色也发生了变化。在运用现代媒体创设语境时，我们必须充分考虑教学对象、教学内容和目标的需要，合理选择多媒体，优化组合多媒体，科学使用多媒体，让多媒体真正为英语教学服务，真正使英语新课程改革走向成功。

参考文献

［1］中华人民共和国教育部.英语课程标准（实验稿）［M］.北京：北京师范大学出版社，2001.

［2］廖群英.现代电教媒体在教学中的应用［J］.中小学外语教学，1998（4）.

［3］鲁清.多媒体运用中的重要问题及解决办法［J］.中小学英语教学与研究，2001（4）.

有关英语教师教学艺术的几点思考

英语教学是一门科学，更是一门艺术。近年来，随着英语新课程改革的开展，新的教学理念、富有创新意义的教学方法层出不穷。教师在教学中把自己认识到的英语教学理念用形象的手段展现出来，用生动感人的形式组织教学活动，从而促进学生的智力活动和情感活动的结合，保证最佳教学效果，已逐渐形成了英语艺术性教学。英语艺术性教学是教师创造性思维在教学方式、方法上的具体体现。英语教师开展艺术性教学，学生便能在轻松、愉快而又非常专注的气氛中学习英语；能将学习英语语音、词汇、语法、日常交际用语和进行听、说、读、写训练这类一般性的活动上升为美的享受和创造活动，从而增强了学习愿望；能将学习的动机、兴趣、情感、习惯、自信心、进取心、坚持性等非智力因素充分发挥，进而提高教学效果。

既然英语艺术性教学对于优化教学过程、创设高效课堂有如此之功效，那么，作为一名初中英语教师，如何才能使英语教学富于这种神奇的艺术魅力呢？

一、具有情感沟通艺术，发挥学生主体作用

在教学过程中，师生间不仅存在着知识的传递，而且存在着人与人之间的感情交流。新课程的核心理念是"为了每一位学生的发展"。要求每位教师都必须从热爱、教育学生出发，把教学的基本点放在了解学生的基

教研成果篇

础上，看到学生的闪光点，让学生感受到教师在教学中爱的情感流露。因此，寓理于情、情理结合，以情感人是教学的基本要求，是教学具有艺术感染力的重要条件。苏霍姆林斯基把情感教育看作是实施全面发展的"内在"促进因素，是使师生关系融洽、进行和谐教育的重要手段。实践证明，英语教师只有充分利用非智力因素，注重发挥情感的作用，促进学生认知和情感的发展，使之受到情感的熏陶，从而产生学习的内在驱动力，才能使学生轻松愉快地学习，才能全面提高课堂效率。

现代学生大多自我意识相对较强，教师应主动与学生平等地进行学习和交流。使教学的整个过程都能有效地挖掘学生的非智力因素，发挥他们的主体作用，让他们主动大胆地参与学习，成为学习的主人，并由此引导他们逐步实现由"要我学"向"我要学"的根本性转变，实现教学过程的整体优化。

爱因斯坦说过："热爱是最好的老师，无论什么方法，离开了学生的热爱和学习主动性，教学都不会取得理想的成绩。"教师在教学过程中不仅要使教学形式多样化，还要根据学生的心理特点、认知水平因材施教，更要以情感人，诱发学生的学习兴趣和学习积极性，给予全体学生充满爱意的、信任的期待。

在平时教学中，我经常对学生说："我并不在乎你们谁差，只要你们进步，在我的眼里你就是好学生。"我班刘同学，英语从来都是低分，但我从未放弃他，经常关心他，有时走在路上遇见他也跟他拉拉家常、聊聊天。他生病了，我给他端上热水、送上药片，把他当作自己的孩子一般，嘘寒问暖。有一次当我宣布他英语考了68分时，班上同学自发热情地鼓起了掌，还有学生大叫"好"，刘同学高高兴兴蹦蹦跳跳地跑上讲台拿回他的试卷。我及时肯定了他的进步，同时表扬了其他同学对他的鼓励。从那时起，这个有名的"学困生"不仅能主动背单词了，而且也能写几个句子了，我看在眼里、喜在心里，坚信他只要积极向上、不断努力，总有一天会有进步。他的举动也极大地触动了班里的其他几位"学困生"，他们每天上英语课时，都主动到我这儿比赛默写单词和句子。《学习的革命》一书中讲道："如果一个孩子生活在鼓励之中，他就学会了自信；如果一个孩子生活在认可之中，他就学会了自爱。"有个周六，刘同学生病了，要回家打针，他爸爸准备给他请半天假，可他说打完针就来上学，我对他说他可以打完针在家休息，他却坚持拔下针头来到学校上课。要知道，从原来不喜欢上学到带病坚持上学，这是多么大的转变啊！结果英语中考，刘同学竟然取得了72.5分的好成绩。中考成绩下来，他是第一个给我发来短信报喜的。

二、注重仪表修养艺术，吸引学生注意

现今的中学生，接受力强，老师的仪表打扮、言行举止都会对他们产生影响。因此，教师首先应具有良好的精神面貌。每节课都要精力充沛、气势高昂、神采飞扬。走进课堂的教师，应该仪表端庄、举止从容，言辞准确而不乏幽默，态度严肃而不乏亲切。只有这样，才能使学生从心理上仰慕教师的崇高品德，钦佩教师的渊博知识，向往教师的流畅语言，进而吸引学生，发挥教师的引领作用。一个仪表端庄的教师走进课堂时，面带自信的微笑，略带幽默风趣的话语，会给学生一种值得信任的感觉。学生就会被教师沉着冷静的外表所折服，全部注意力都投入到老师的讲解中，高效课堂也就应运而生。

因此，在教学中，我时刻保持乐观向上的精神、热烈高涨的情绪。上课之前，我总是带着微笑迎接每位学生；上课时，对学生的课堂答问多用鼓励式评语，调动学生的学习热情。对"学潜生"，我更是倾注了更多的爱。时时用微笑对学生表达期待和赞许，与学生进行直接的感情交流，做学生的知心朋友，让学生感到教师可信、可亲、可爱。十六年来，我所带班级英语成绩始终在全年级、樊城区名列前茅。我指导的学生参加全国、全省、全市英语竞赛，先后有50多人获得国家和省、市奖，编写指导展演的英语课本剧也在全省、全市获一等奖。

三、发挥语言艺术魅力，促进学生思想交流

有位教育专家说："同样的教学方法，因为语言不同，就可能相差20倍。"一般的语言只能交流思想，艺术的语言才能交流情感，情感的交流又促进思想的交流。英语教师巧妙运用一口流利的英语，使之简明、准确、生动、形象，富于条理、幽默和节奏感，创设一种审美情趣，能使学生由爱美而动情，在师生间产生强烈的感情共鸣，从而更好地发挥英语组织、指挥、讲解的工具作用，促进学生积极思考、踊跃参与，观察、分析、归纳言语，领会教师意图，悟出语言规则。教师的言谈举止是一门艺术。英语教师只有把主要精力放在引导学生尽快地找到实现自己目标的最佳途径上，把握语言表达的艺术，不断丰富自己，提高艺术的感染力，才能让学生感受到教师的亲和力，从而激发学习动机，这样才能更好地提高课堂教学的艺术水平。

在课堂教学过程中，教学效果成败的关键，在很大程度上取决于教师的语言表达能力。优美准确的语言表达不仅可以提高学生的学习兴趣和积极主动性，充分发挥教师的主导作用，而且对学生养成的良好品德、发展思维能力、启迪智慧、陶冶高尚的情操，都具有重大的影响作用和独特的教育功能。因此，对教师来说，语言就是其工作的工具，同时又是艺术，教师的语言表达在教育教学中具有非常重要的作用。我认为，教师在课堂上发挥其语言艺术魅力，应从以下几个方面着手。

1. 英语教师应具有启发性的语言，启迪学生思维

现代教育思想提倡启发式教学。在课堂教学中，教师必须使用灵活的、富有启发性的教学语言，启迪学生深入思维，点燃学生智慧的火花。艾米尔认为，教授的艺术就是懂得如何引导。要让学生丰富想象，积极探索求异，坚持独立见解。这就要求老师要善于挖掘教材中蕴含的创造性因素，通过设疑创设情境，给予学生参与的机会。让学生积极运用所学的知识，大胆进行思维发散。比如，在教过去进行时，展示一张有一位

男士在拍照，而不明飞行物降落了的图片。在出示图片时，可以先把男士在干什么遮住一部分，然后问"What was the man doing when the UFO landed？"，这时同学们就会进行猜测，踊跃发言，从而给他们提供了发散思维的机会。

在英语课文教学中，教师要善于设计新颖别致、并能唤起学生共鸣的问题，让学生在独立思考的基础上，进行小组讨论，集思广益。也可用所教的知识，让学生自由地求异发散，编写新的内容。如在教完《英语（新目标）Go For It》八年级上册"Unit 3 *What are you doing for vacation*？"Section B 3a的一篇文章之后，在黑板上写几个关键词：decide on, go, leave, plan, take walks, go fishing, go bike riding, love, forget, rent和sleep等，让学生根据提示，自己编一些内容。这样促进学生相互启发、相互交流，从而以创新意识来灵活运用语言知识。让学生凭自己的能力去摸索解决新问题、掌握新知识，进而使他们的创新实践能力得到真正的提高。

总之，启发性的教学语言，对调动学生学习的积极主动性、培养学生的想象能力和思维能力、在规定的时间内完成相应的教学任务都具有十分重要的作用。

2.英语教师应具有生动性的语言，激发学生兴趣

教师在教学中，运用妙趣横生、形象生动的语言，牢牢吸引学生的注意力，使学生的学习活动化难为易，变枯燥为有趣，在活跃、愉快的课堂气氛中，获取知识，提高技能，从而达到教学的目标要求。

3.英语教师应具有情感性的语言，感染学生情绪

有一次，刚响过上课铃，我走上讲台，一个平时很调皮的学生发出了一声怪叫，全班皆惊。我见状依旧镇静如常，和颜悦色地说："Wow, you have done a good job! Could you please do it again？（刚才的叫声很好听呀！请你给我们再表演一次，行吗？）"该生脸一红，不再吱声了。一场眼看要爆发的冲突，平静收场了。还有一次，刚响过预备铃，可一些学生根本没有意识到已经上课了，还在说说笑笑、吵吵闹闹，整个班级也没有静下来，我一看还有几个学生正在读书，于是数了数人数，在黑板上写下数字，趁学生发愣的机会，我就说："Just now some of you read books carefully. You are so excellent that I hope other students can follow their example.（刚才有这么几个同学在认真读书，希望其他同学向他们学习。）"于是，纪律立刻好转，大家都认真读书了。

四、运用艺术的教学方法，培养学生能力

随着英语课堂教学改革的进一步发展，英语教学更加注重培养学生的动口能力。学生是课堂的主体，教师要起好"导"的作用。因此，英语教师应根据自身的特点及所传授的教学内容的不同，结合所教学生的实际，合理地选择教学方法。比如，2010年为了发挥课堂教学主渠道的作用，抓住英语新课程改革的契机，我们开展了"运用5P教学模式创设英语高效课堂"的课题研究。运用5P教学模式，以教师创造性的"教"引发学生创造性的"学"，培养学生的合作学习技巧，使学生获得终身学习的能力。5P教学模式的运用，改变了学生的学习方式，更新了教师的教学理念，优化了课堂教学结构，提高了英语课堂的效率。

此外，英语教师还应处理好与教材的关系。正如新课程标准所强调的，教师不是"教教材"而是"用教材教"。我认为，讲究教法艺术的教师要根据所教学生已有的英语水平和能力基础，适当地对教材做一些处理、修改、删除和整合；适当补充一些背景知识、文化或相关情境的英语录像以及一些动听的英语歌曲、英语顺口溜、英语谚语、有趣的英语小故事等，以更加有效地激发学生学习英语的兴趣。

英语教师在完成一定教学任务的同时，还可以把教学内容通过各种游戏的形式来完成。可以是猜的游戏，也可以是全班同学在课堂上进行互动游戏。通过这样动口、动手的活动，学生对所学知识印象深刻。如在课堂教学中，运用"boys and girls、team work、group work"等多种形式让学生们进行游戏竞赛；讨论时，可以让学生两人一组或四人一组。教师给学

生更多时间和空间让他们进行语言的操练和运用，有效引导学生，就可以培养学生学习的主动性和积极性，体现教学方法的艺术魅力。

综上所述，英语教师只有注重课堂教学艺术，才能充分发挥教师的主导作用，调动学生主动参与，有效地组织、管理和调控课堂教学活动，提高课堂教学质量；才能为学生创造艺术化的情境，使学生在愉快的心境中学习知识，培养英语语言运用能力，得到美的享受、情感的陶冶和智慧的启迪。

因此，探索英语教师的课堂教学艺术，对于促进当前的课堂教学改革、创设高效课堂具有十分深刻的意义。

参考文献

［1］中华人民共和国教育部.英语课程标准（实验稿）［M］.北京：北京师范大学出版社，2001.

［2］王松美.中学英语课堂教学技能训练［M］.长春：东北师范大学出版社，2004.

［3］杨文滢.论教师话语的最佳效能［J］.教育探索，2001.

教研成果篇

活化英语课堂　激活学生思维

一堂"活"的英语课，就像一首动听的乐曲，一件流光溢彩的艺术品。本文从以下三个方面谈到了活化英语课堂教学，激活学生思维。

一、教师引导灵活是活化课堂的关键

首先，教师的教学活，带动学生学法活。教师引导学生探究结论，让学生多思考、多动手、多动口，引导学生创新学习。其次，运用灵活、恰当的教学手段将新教材所设置的情境生动、形象地表现出来。我在教学中经常利用录音机、简笔画、实物、模型、挂图、多媒体课件、表情、动作等多种直观手段，调动学生各种感官，把学生自然而然地带入具体语境。例如，在教授《英语（新目标）Go For It》八年级下册"Unit 9 *Have you ever been to an amusement*？"中 Section A 的 3a *Have you ever been to Disneyland*？一文时，搜集了很多有关迪士尼乐园的图片及信息，利用多媒体课件上课，给学生耳目一新的感觉，学生能很快全面熟悉文章内容，并且能顺利解决课文有关问题。

二、学生思维鲜活是活化课堂的核心

英语课堂教学必须注重发挥学科的思维功能，鲜活的学生思维是优化英语课的核心。我鼓励学生尝试不同的方法和思路去解决问题，培养思维的灵活性。例如，在教授《英语（新目标）Go For It》八年级下册"Unit

10 It's a nice day，isn't it？ "一课时，首先问学生 "What's the weather like today？"，对此学生回答 "It's sunny"，进一步引出 "It's sunny，isn't it？"。

三、课堂气氛活跃是活化课堂的特征

教活，学活，课堂气氛怎能不活？教师引导学生 "探究"，学生全方位思考；教师鼓励学生 "尝试"，学生又能大胆实践；教师激励学生 "超越"，学生就思维飞扬；教师激发学生 "创造"，学生不断开拓创新。课堂上时而让学生演一演、画一画、辩一辩、赛一赛、唱一唱、问一问、读一读、猜一猜，整个课堂气氛就活跃了起来。充分利用小组合作学习模式，在不同的时段中让学生合作探究讨论，或即情表演，或自由交流，或游戏娱乐，使学生如沐春风，实现有效教学。例如，在上完《英语（新目标）Go For It》八年级上册 "Unit 12 *What's the best radio station*？ "一课后，学生们就 "What's the best radio station in your hometown？"话题展开讨论，讨论中用英语进行交际，培养了听、说和运用英语思维的能力，同时增长了见识、激发了学习热情。最后由学生自己点评，指出：The best radio station in which hometown is not the most important. We should love our hometown and our country — China forever. 这样不仅对学生进行了思想品德方面的教育，也满足了学生的表现欲。

总之，活化英语课堂，激活学生思维，可培养学生语言综合运用能力，为学生的可持续性发展奠定基础。

教研成果篇

运用多媒体技术　激活英语教学

为响应襄樊市第三十二中学提出的"减负增效"的号召，真正实现"减负不减质"的目标。如何在有限的时间里利用有效的资源，激活英语课堂教学，拓宽学生的学用渠道，全面培养学生能力？

在英语教学中，我一直尝试把多媒体技术与英语课堂教学结合起来，经过实验，取得了良好效果。

一、巧用多媒体技术，直接导入新课

运用多媒体技术，在课前3～5分钟播放优美动听的音乐，使学生安静下来，对学生起到心理放松的作用，从而导入新课。借用多媒体技术导入新课，往往能直接激发学生的兴趣、将学生的注意力集中起来，容易激起学生的好奇心。如在上《英语（新目标）Go For It》八年级上册"Unit 3 *What are you doing for vacation*？"时，我事先在网上搜索一些有关意大利的信息，制成多媒体课件，一幅幅生动的画面，一张张逼真的图像，使枯燥的文字变成优美的风景，充分集中了学生的注意力，从而使学生更好更快地理解课文。

二、乐用多媒体技术，创设交流情境

在英语教学中运用多媒体教学，能为学生提供生动、逼真的交际情境。在这种极富创新的教学中，学生怀着轻松愉快的心情，从而更自觉、更有兴趣地进行英语语言交际活动，点燃创新火花。比如在教《英语（新目标）Go For It》八年级下册"Unit 2 *What should I do*？"时，首先拍一部VCR，然后利用多媒体技术制作课件。如拍摄学生之间发生小矛盾、学生考试不及格、学生因为学习压力大难以入睡、学生由于邻居太吵所以不能安心学习等的片段，让学生置身于这些烦恼的情境之中，感受主人公面临的困境。多媒体课件中出现画面及声音"What should I do？"，再根据这些情境来出主意帮助他们解决烦恼。运用本单元主要句型"Maybe you should..."，再让学生运用多媒体课件，进行角色扮演。由于很多场景都很贴近学生的生活，学生有话可谈、有建议可提。在这种轻松愉快的环境中，学生自然而然地学会用本单元的重难点句型谈论问题，以及给他人提出合理化的建议。由于多媒体课件可循环播放，因此所设置的场景可随时唤醒学生的意识，便于学生在各种场景中运用所学语言，真正达到学以致用的目的。

例如，在教《英语（新目标）Go For It》"Unit 9 *When was he born*？"的句型"Who's that？ That is... When was he/she born？ He/She was born..."时，我用扫描仪把班里同学的照片扫描下来，又从网上找了一些名人（鲁迅、袁隆平、钱学森、巴金、杨利伟、邓亚萍、姚明）的照片。由于是自己或自己的同学出现在电脑上，学生感到英语是为生活服务的，因而变得很活跃。当他们亲口把名人介绍给同学时别提有多神气了，俨然是一个个解说员。除了用本课句型外，还不时冒出一两句令人惊喜的话，如"I want to be a person like Nie Haisheng. What do you want to be？"。

三、善用多媒体技术，引导学生归纳总结

运用多媒体技术，将繁杂的英语知识点进行归纳总结，用表格的形式展现在电脑屏幕上，学生一目了然，能在脑子里构建学科知识体系、整体了解英语知识、建立知识图示。如在教《英语（新目标）Go For It》八年级下册"Unit 9 *Have you ever been to an amusement park*？"的Reading

Have you ever been to Singapore？时，就可以用多媒体技术制作的课件，——展现Singapore language→ Singapore food→Singapore zoo→Singapore temperature的图画及表格（如表1所示）。

表1　阅读文章填表

	What are they?		
Singapore language			
Singapore food			
Singapore zoo			
Singapore temperature			

　　对于这篇难以理解的长篇短文，学生会顿时感觉思路清晰，容易理解，这样也会使他们的写作能力有很大提升。另外在复习《英语（新目标）Go For It》八年级上册"Unit 12 *What's the best radio station*？"时，我们利用多媒体技术制作的课件呈现了本单元和第六单元的重难点知识——形容词和副词的比较级和最高级。

　　1. 规则变化（如表2所示）

表2　规则变化

原级		比较级	最高级	构成方法
单音节词和部分双音节词	cheap			
	close			
	big			
	friendly			
多音节词和部分双音节词	comfortable			
	boring			
	carefully			

以生为本 以爱为源——初中英语教学的研究与实践

2. 不规则变化（如表3所示）

表3　不规则变化

原级	比较级	最高级
good/well		
bad/badly/ill		
many/much		
little		
far		

利用多媒体课件将上述表格展现给学生，并在单词后加"er"和"est"的地方用不同的颜色闪现，直观明了，易于学生发现规律，总结形容词和副词的比较级和最高级构成规则，语法课也不再枯燥了，收效甚好。

四、妙用电教媒体，培养学生文化交际意识

根据英语新课程标准，教师应补充相关的语言背景知识，使学生观察西方的文化风情，从中了解中西文化差异，增强学生的文化意识和爱国热情，扩展国际视野。巧妙利用电教手段，能让学生感受外国文化的环境氛围。学生观看后，不仅锻炼了英语口语，而且了解了讲英语的国家人们的真实生活，分析了中西方文化差异，培养了爱国主义精神及文化交际意识，拓宽了学生的视野，为其终身发展奠定基础。如我教《英语（新目标）Go For It》七年级下册"Unit 1 *Where's your pen pal from*？"这课时，利用多媒体显示教学内容，展示了中国、美国、英国、日本、法国的国旗图片，还展示了各国具有代表性的东西，学生大开眼界，感觉豁然开朗，这激起了他们强烈的求知欲，使他们很快掌握了新知识。再加上展示一系列与生活实际切实有关的场景图片，如圣诞节、万圣节、感恩节等西方节日的场景，学生感觉新鲜，变被动接受为主动参与，学习效率明显提高。

经过一段时间的试验与探索，取得了一定的实验效果。襄樊市第

三十二中学学生获奖人次在襄阳市名列前茅。近年来，在湖北省中学生英语口语比赛中，襄樊市第三十二中学有3人获省一等奖，1人获省二等奖，20多名学生获得市级奖。经过实验前后的对比，发现学生的学习兴趣、态度、水平都有了很大的改善，取得了满意的效果，第一次抽测结果（2011年3月）如表4所示，第二次抽测结果（2011年5月）如表5所示。

表4　第一次抽测结果（2011年3月）

班级	人数/人	低分率/%	及格率/%	优秀率/%	平均分/分	综合指数
初三（5）班（对照班）	85	5	83	73	73	0.84
初三（3）班（实验班）	86	2	85	76	82	0.87

表5　第二次抽测结果（2011年5月）

班级	人数/人	低分率/%	及格率/%	优秀率/%	平均分/分	综合指数
初三（5）班（对照班）	85	2	90	85	82	0.89
初三（3）班（实验班）	86	0	99	89	93	0.97

综上所述，以现代电教手段进行中学英语教学，不仅能调动学生全身多种感官，而且能促进学生始终主动参与学习，充分发挥人机交流的优势，促进课堂教学的快节奏、大容量、高效率，减轻学生的课业负担，提高英语的教学质量，形成适应新课程改革需要的英语课堂教学模式。

参考文献

［1］葛萍.现代教育技术和外语教学［J］.上海师范大学学报，1999（2）.

［2］桑新民，张倩苇.步入信息时代的学习理论与实践［M］.北京：
中央广播电视大学出版社，2001.

认真领会新课标精神，优化初中
英语口语教学

英语新课标明确指出，初中英语教学的目标是培养学生综合运用英语的能力。口语能力是学生与他人进行交往的最直接、最有效的语言能力，而口语教学最直接的教学目的是培养学生使用英语说话的能力。说的能力，作为语言技能之一，不仅关系到学生口头英语交际水平的高低，而且也会影响到学生英语学习的效益。随着我国融入国际社会的步伐加快，对这一能力的要求也会越来越高。学生口语水平的提高，有利于提高笔试能力，而笔试能力的提高，也有赖于口语水平的进步。

一、问题的提出

记得我某年刚带七年级学生时的情景：学生们学习英语的层次不一。部分学生学了五六年英语，英语说得比较流畅，但多多少少都有些小问题；有的学生根本没有学过英语，对英语十分陌生；有的学生虽学过英语，但由于种种原因，英语没有学好，导致对英语产生了恐惧心理。加上学生们连语文都不愿意开口读，更不用提开口说英语了。

由于学生英语基本功不够扎实，如语音语调不够准确，词汇、句型、语法不够规范，朗读、背诵等基本训练不到火候等，学生不习惯在课堂上用英语表达，担心说错、说不好而受批评，失去面子。因此学生开口难，连贯叙述也难，越怕越不敢说，越不说就越不会说，导致恶性循环。本来需要学习者体验、实践、参与和交流的生动活泼的语言教学活动，变成了死气沉沉的默读默记。该动口的学习，变成了以动手为主，从而影响了英语的口语教学。

众所周知，培养听说能力必须通过大量的反复练习，每个学生都要有足够的听说实践机会。而我班有85名学生，人数过多就难以组织有效的口语训练活动，在课堂上学生开口实践的机会少，口语的能力自然难以提高。学生与教师、学生与学生之间的互动相对较少，难以形成固定的语言环境。

二、用新课标精神，统领初中英语口语教学

面对这些错综复杂的情况，究竟该从何处入手来提高学生的口语能力呢？这是我一直在努力探索的问题。通过不懈努力，两年来我班学生的英语口语能力有了很大提高，很多学生语音纯正，语言流畅，会使用英语进行交流。

为解决学生口语表达中存在的问题、提高学生的口语水平，我进行了如下努力和尝试。

1. 运用新教材，激发学生进行口语交际的动力

心理学家布鲁纳说过："学习的最好动力就是对学习材料产生兴趣。"我们学生所使用的教材是《英语（新目标）Go For It》教材，这套教材是人民教育出版社与美国汤姆森学习出版社集团合作编写的。该教材生动有趣、贴近生活，每单元都以对话形式出现，口语教学在初中阶段占有相当重要的位置。它以话题为主线，采用任务型语言教学（Task-based Language Teaching）模式，兼顾交际功能和语言知识，形成了一套循序渐进的生活化的学习程序，引导学生学会用英语做事情，体现了新课程标准所倡导的教学理念。英语新教材中有许多话题，为学生进行口语交际提供了很好的题材，如：七年级上册的"Making Friends""Shopping""Talking about likes and dislikes""Food""Dates"；七年级下册的"Countries，nationalities and languages""The neighborhood""Animals in a zoo""Occupations""Everyday activities""The weather""Physical appearance""Weekend activities"；八年级上册的"Free time activities""Personal traits""School trips"；八年级下册的"Opinions""Advice""Interesting events""Telling a story""Decision making""Hobbies""Complaints""Gift giving""Fun places""Small talk"。运用好这本教材，就能有效地激发学生进行口语交际的动力。

2. 多形式并举，精心设计口语交际活动

口语首先是有声语言，只有开口，才能学好。因此，开口是中学生学英语要过的第一关。语言教学的一个重要目标是培养学生的语言技能，而语言技能要通过精心设计活动和在活动中培养而实现。语言学家佛伦奇认为，说是基础，其他的能力（听、读、写）都是靠说建立起来的。因此，确立学生的主导地位，就要多给学生提供操练与表演英语的机会，培养他们说英语的能力。我利用新教材在编写上重视听说教学的特点，根据内容的需要，让学生进行多种形式的操练。如：individual work，课前让值日生利用三分钟汇报当天的情况；pair work，让学生两两结合，操练对话；group work，让学生就本单元的话题（如 Hobbies 等）四人一组进行讨论；或者给出一个时新的话题〔如 the 2010 Shanghai Expo（上海世博会）等〕，让学生自由组合进行讨论并发表意见。这样不仅能加深学生对所学知识的印象，也练习了学生的口语，提高了他们的口语交际能力。

（1）课前开展Free Talk，Daily Talk，学生可联系实际，谈谈自己的兴趣爱好、生活小事、内心感受，或朗读英语诗、唱英语歌、说英语绕口令、出谜语题，大家开动脑筋，临场发挥，进行有趣的热线形式的 ask and answer，或放一段学生自己的英语录音。Talk带给学生想说英语、会说英语、说好英语的动力，使其得以轻松、主动地用英语交流思想情感，为学生提供了自由表达的空间。

（2）对语言来说，口语永远是第一性的，口语交际的信息含量和重要程度是书面表达方式所不能取而代之的。我结合课文为学生设计不同角色，让学生尝试着以不同的身份，在不同的情境中模拟"交际"场面，自由表现口语技能，如看病、购物等。学生天性活泼好动，让他们在学中乐、乐中学、动中学、学中动，课堂也充满了生机和活力。

（3）用英语组织教学，是中学英语教学质量提高的重要措施之一，是中学英语教学改革的重要方面之一。如我上课时发现学生走神，就根据这一特定情况组织英语口语会话交际活动，我问"Would you mind helping me？"这样既能让学生集中注意力，又能使学生所学的语言知识在课堂用语的反复使用中得到巩固。

（4）开展课外活动，把语言形式和语言意义联系起来，把口语表达与学生的现实生活联系起来，让学生在大量交际活动中学英语，在交际活动中获得和提高交际能力。平时视具体情况，有计划地布置口语交际活动作为homework来完成，这样学生参与率高、兴致也高。例如，在学习《英语（新目标）Go For It》八年级下册"Unit 2 *What should I do*？"时，引导学生学会用英语来倾诉自己的问题和寻求解决问题的办法，并教会学生用英语来提建议，从而提高了学生的口语交际能力。通过举办英语演讲比赛、故事会、辩论赛、主题班会，开展设立英语角、唱英语歌、校园广播等活动，也能收到提高英语口语能力的效果。此外，鼓励学生用英语互相问候、借东西、打电话、道歉、答谢、道别等，也是很不错的办法。每个人都有自己的某些天赋和潜能，只要充分发现学生的闪光点，给学生展现自我才能的机会，让他们在真实的语境中感受英语，就能有效地锻炼和提高他们的口语运用能力。

3. 搞好音标教学，过好语音关

在学生七年级时，我就不断给他们灌输一种理念，那就是学习英语首先要会读，例如单词的正确发音，句子的音节、停顿，语音语调的把握，都是我们初学英语应该注意的问题，也是学好英语的基础。平时课堂我会结合该课情况，不断给学生增加一些语音知识。通过点滴的教读，让学生逐渐有语音的观念，把握语音特点。总之，要求学生过好语音关，力求使学生能根据音标拼读单词，同时帮学生掌握读音规则及发音技巧，即重音、语调等。

4. 培养学生背诵、朗读的习惯

朗读英语课文是练习英语口语的一个重要环节。朗读能够为我们扫清单词的障碍。叶圣陶曾说："口语必须重叠练习，凡习一字一句，必须反复习诵十数次至数十次，到口音纯熟为止。" 朗读课文不仅要会读，而且要读会，要反复朗读，读出语感。对一些含有重要句型和重要语法点的有代表性的句子或段落要背诵出来，从而为说积累素材，夯实说英语的基础。我认为，在初中阶段尤其是七年级的英语教学中，一定要重视朗读和背诵。由于七年级英语的教学是学生学习英语的入门教学，多数学生刚接触英语，对英语的好奇心强，学习积极性高，学习兴趣浓厚，所以必须抓住这个时机，通过各种行之有效的方法，促使学生大声朗读，积极背诵常用句子、精彩段落和一些习惯用语，打好坚实的学习英语、运用英语的基础。这对以后的教与学十分有益。我带的学生在七年级就养成了朗读和背诵的好习惯，能大声地朗读，积极地背诵。读得多了，背得多了，自然就会记住其中的一些句子、段落和习惯用法。到了八年级、九年级就能很自觉地去朗读、去背诵英语。因此，我对七年级的学生说："你们要珍惜时间，在学英语过程中，尽量大声朗读英语，力求背熟一些范文，对精彩的段落和句子要做到横流倒背、开口就说。这样等你们上了八年级、九年级，学英语就很轻松了。"坚持不懈地朗读和背诵，也是训练语音、语调、语速和连贯性、流畅性等口语表达能力的有效途径，有助于改进语音。通过朗读，尤其是模仿正确、地道的英语语音、语调，可以纠正和训练自己的语音、语调，掌握说英语的种种技巧，如连读、失去爆破、同化、重读、弱读等，从而迅速提高口语表达能力。口语能力提高了，英语成绩自然就提高了。通过朗读和背诵，可以积累大量实用的英语短语、句子、习惯用语；可以扩大视野，在脑子里储存大量有用的词汇、短语、习惯用法；可以了解讲英语的国家的人们的生活状况、风俗习惯、人文、历史、地理知识等；还可以通过眼、耳、口等感觉器官同时参与学习，综合提高听说读写能力。读得多了，背得多了，自然就形成了英语语感。语感一旦形成，在以后的学习中，很多句子就会脱口而出。例如，在学生学习了《英语（新目标）Go For It》八年级下册"Unit 9 *Have you ever been to an amusement park*？" Section A 3a的短文*Have you ever been to Disneyland*？之后，由于重视学生朗读，让学生反复诵读课文，不仅培养了学生的语感，而且有的学生就"自己曾经去过的地方"的话题，能讲述出自己曾经去迪士尼乐园的经历，很好地运用了这篇短文。语言输入的量达到了一定的程度，学生的语言输出也变得容易多了。

5. 多听地道英语，以听促说

平时让学生多听地道的英语，不仅可以提高学生的听力水平，也能纠正学生的发音，培养学生的语感，从而促使学生说得更准确、更流利。例如，让学生听课本磁带，听原版英文歌曲，听《疯狂英语》以及收看中央十台的英语节目《希望之星》，等等。听是说的基础，听录音、听老师示范，多听，听清，然后模仿，反复听，反复模仿，反复练习，大量积累，就会形成较纯正的语音。学生会读，语音纯正，开口说英语也就会水到渠成。

6. 因材施教，分类指导

在口语教学中，充分了解学生，考虑学生的个性差异，根据学生不同的性格、特点，采取不同的方法，有的放矢地进行教学，分别培养和提高他们口语表达的能力，也是一个十分需要注意的问题。如对性格外向的学生高标准、严要求，因为他们活泼大胆，反应迅速。对这类学生，要求他们说得对，说得准，说得地道。而激励性格内向的学生，则应着重培养他们敢说和愿意说的良好习惯，鼓励他们敢于发言提问。通过采用不同的训练方法，班上的学生在口语方面都有了不同程度的提高。我认为，这也是解决口语表达中存在的问题最重要的方法之一。

7. 注重跨文化知识的传授，增强口语的得体性和现实性

得体性主要是针对说话的对象、话题、场合、身份等不同的情况能够使用不同的得体语言，这涉及文化背景的问题。现实性主要指使用真实、地道的语言，如在英、美等国家，彼此很熟悉的朋友见面，尤其是年轻人、上班族见面时打招呼，常说"What's up？" 或"What's going on？" 等，而不是"How are you？"。

三、实验的效果

1. 教学效果

2010年5月底，为期一年的教学实验结束。在第二学期，实验班和对照班学生参加了月考。实验结果分析如下：

（1）实验提高了实验班学生的英语成绩。

（2）成绩数据分析（如表1、表2所示）。

表1　实验前成绩统计

班级	人数/人	平均分/分
对照班	85	85.47
实验班	85	86.97

说明：在进行该实验之前，实验班学生的英语平均成绩与对照班相差不大，表明两个班成绩没有显著差异。

表2　实验后成绩统计

班级	人数/人	平均分/分
对照班	85	87.01
实验班	85	92.12

说明：经过一年的教学实验，实验班学生的英语平均成绩为92.12分，对照班英语平均成绩为87.01分。实验班比对照班高出5分左右，可认为两

教研成果篇

班成绩差异显著。数据说明初中英语口语的教学可以有效地提高学生的成绩。

2. 口语比赛成绩

2010年5月10日，襄樊市第三十二中学英语成绩居樊城区前列，在湖北省举办的第三届中学生英语口语比赛中，襄樊市第三十二中学学生荣获1个省二等奖、3个省一等奖。

如何搞好初中生英语口语教学，是我们广大初中英语教师面临的共同挑战，寻求更加有效的初中英语口语教学策略，还需我们广大初中英语教师进一步去探究，我愿继续为此而努力。

参考文献

[1] 中华人民共和国教育部.英语课程标准（实验稿）[M].北京：北京师范大学出版社，2001.

[2] 张敏.浅谈中学英语口语教学[J].中小学英语教学与研究，2004（3）.

[3] 曹宁.初中生英语口语学习中的情感障碍[D].上海：上海师范大学，2005.

[4] 朱文会.浅谈英语口语教学中的误区[J].疯狂英语教师版，2005（10）.

[5] 孙利英.新课程下英语晨读课初探[J].中小学英语教学与研究，2008（8）.

[6] 邢雯."珠"联"璧"合——提高学生英语口语能力的尝试[J].中小学英语教学与研究，2009（6）.

初中英语教学评价的探索与思考

——襄樊市第三十二中学英语新课程教学评价改革经验总结

教学评价既是课堂教学过程中的基本环节，也是保证课堂教学活动沿着正确的方向向前发展的重要手段。然而，传统的教学评价主要是对学生学业成绩的考核，属于单维评价，是一种容易在心理上给学生"挫败感"的评价，也是消磨学生学习兴趣的评价。

随着英语新课程标准的实施，对学生的评价方式由传统的以终结性评价为主转向形成性评价和终结性评价相结合方式。新课程标准要求"注重过程评价，促进学生发展，建立能激励学生学习兴趣和自主学习能力发展的评价体系"。该评价体系也正是由形成性评价和终结性评价共同构成的。本文试图结合新的评价观，从教学实践的操作角度对襄樊市第三十二中学这次评价改革实验活动进行初步归纳、总结。

一、立足学生综合素质提高，建立发展性教学评价体系

现代教育的最终目标是培养具有综合素质的人才。只有建立起能激励学生学习兴趣和自主学习能力发展的评价体系，才能促进学生全面发展。为此，我们采用了形成性评价与终结性评价相结合的方式来评价学生，重视对学生学习过程的评估和评判。通过多种渠道收集、综合和分析学生日常学习的信息，了解学生的知识、能力、兴趣和需求，着眼于学生潜力的

发展。为此班级首先实行个人、小组积分制，评价项目有教师评价学生的学习行为，也有学生的自评及互评等诸多内容。

1. 教师课堂注意观察，及时评价学生的课堂表现

教师观察是评价学生学习行为的基本方式。英语教师可以观察学生日常学习英语的诸多方面。如：观察学生是否认真听讲，是否积极思考问题、举手发言，是否有疑问就提出来；是否善于合作，是否积极与同伴讨论交流，在小组合作中敢于提出不同的观点，表达自己的想法；是否思维有条理，做事有计划；是否有创造性思维，善于思考；等等。课堂以表扬、鼓励为主，使每个学生都能体验成功的喜悦，对英语学习充满信心。安排班里学生轮流做记录，学期结束时，把每位学生的成绩折算后（平时记载成绩×30%）记入期末考试英语成绩，使学生及时了解其学习英语的表现，加强进一步学习英语的动机，提高学习英语的热情，加大努力程度。

2. 学生自评及相互评价，调动学生参与评价的积极性

这不仅是对学生的尊重和信任，有助于调动学生参与评价的积极性，而且有利于培养学生的自我评价能力和自我教育能力，也有利于增强学生的主体意识和评价的客观程度。我们主要在以下几个方面采用学生自评及互评：一是单词、课文的背、默情况，二是课堂小组合作，三是作业自我评价，四是自办英语报，五是考后自查、纠错能力。

3. 家长参与评价，帮助家长科学指导学生学习英语

略。

二、探索英语改革评价模式，制订并实施量化评价方案

《基础教育课程改革纲要（试行）》明确指出："建立促进学生全面发展的评价体系。评价不仅要关注学生的学业成绩，而且要发现和发展学生多方面的潜能，了解学生发展中的需要，帮助学生认识自我，建立自信。发挥评价的教育功能，促进学生在原有水平上的发展。" 在课堂教学过程中，由于教学评价在实践中具有强烈的导向作用，因而常常成为教

学改革的突破口，也往往成为课程改革的支撑点之一。因此，在新一轮基础教育课程改革中，我们不仅要关注这次课程改革的背景与理念、课程教材结构与内容的改革，同时更要关注课程评价的改革。当前，襄樊市第三十二中学教学设计与实施活动以"发展性教学评价"为主题，正是通过对教学评价的进一步研究，来促进教学过程的优化，落实新一轮课程改革的实施，因而，这次活动无疑具有深远的意义。

1. 单词、课文的背、默过关情况评价（如表1所示）

表1　襄樊市第三十二中学单词、课文的背、默评价表

填表人：＿＿＿＿＿＿　　　填表日期：＿＿＿＿＿＿

评价内容＼周次	听写单词			背诵课文			默写课文		
	自评	小组互评	总评	自评	小组互评	总评	自评	小组互评	总评
第一周									
第二周									
第三周									
⋮									
第十二周									

（1）评价呈现方式。

在每一条评价内容中，"优秀"记三面红旗，"良好"记两面红旗，"合格"记一面红旗。总评则记入红旗的总数。最后附上教师寄语，及时反馈学生出现的突出问题。

（2）评价过程。

① 建立评价观察记录本，由组长做好记录；② 每个学生设计好自己的红旗榜，然后张贴在墙上；③ 评价每周进行一次。学生把评价表上"总评"一栏中的红旗数目报给组长，组长发红旗给本组学生，由学生自己把红旗贴在红旗榜上。达到10面红旗的同学，进入光荣榜，把照片贴在光荣榜内。每月底，组长统计学生所得红旗的数量，给得到红旗最多的同学颁

发奖状，由英语课代表给家长送喜报。

2. 学生作业自我评价（如表2所示）

要求学生对自己的作业情况做出较为客观的、真实的评价，以增强学生学习英语的自信心，激发学生学习英语的兴趣。每次作业，教师要求学生根据其认真程度、完成的质量、完成的数量给自己进行等级评价，一月一总评，累加入学生个人分，小组分"Very Good、Good、OK"三个档次进行评价。最后用作业展示评价。

表2　襄樊市第三十二中学英语作业自我评价表

姓名：＿＿＿＿＿＿＿

日期	认真程度	完成的质量	完成的数量	自我评价

3. 课堂行为活动评价（如表3所示）

包括每节课的小组的课前预习和学生的课前其他作业评价。如查找资料，自制图片等。同时也包括小组合作朗读、合作探究、合作表演、合作讨论、合作矫正等。这些均以小组为单位，进行加分比赛。

表3　襄樊市第三十二中学课堂行为活动评价表

组名：＿＿＿＿＿＿　周次：＿＿＿＿＿＿　日期：＿＿＿＿＿＿

周次	课前演讲	认真听课	回答问题	对话	朗读课文	表演	游戏	竞赛	备注
第一周									
第二周									
第三周									
⋮									
第十二周									

评价过程。①把全班学生分为A、B、C、D四组进行游戏比赛；②教师及每组一名成员组成评委给四个小组打分；（最高分奖励四颗星，其余依次减少一颗）③每一个小组派一名代表进行汇报；④最后，根据评比结果，把得星星最多的小组评为"星级小组"。

由于课堂时间限制，在一节课内表中所设计的内容不可能使每个学生都能得到实践，所以，本表每周收交一次，以便教师在检查学生课堂表现的同时，也反思是否给每一位学生提供了机会。

在教育教学活动中，也会收到以下的效果：①可以让学生心情愉快、轻松自然、积极主动地参与教学的多边活动，增强课堂教学效果。②能缩短师生之间的距离，赢得学生对老师的信任。③有助于学生确立自信，继续努力学习。

4. 成果展示性评价

英语新教材中有许多与学生实际生活贴近的素材，我们布置了让学生办英语手抄报、制作英语名片、设计英语广告等任务，引导学生进行这些成果的展示性评价，让学生将实践活动中的丰富体验与收获，通过各种形式在学校专栏中展示出来。学生们将这个专栏取名为"英语园地"，同学们积极参与，极大地激发了学生学英语的热情。

5. 考后自查，提高纠错能力

每次批改完试卷后，教师发给学生一张英语试卷改错记载表（如表4所示）。纠错，由学生根据自己的实际情况填写，并且写出考后质量分析。根据认真程度、完成质量，小组给出不同的等级：A.Excellent（优秀），B.Good（良好），C. OK（还可以）。

表4 襄樊市第三十二中学英语试卷改错记载表

姓名：＿＿＿＿＿＿＿　考试类型：＿＿＿＿＿＿＿　日期：＿＿＿＿＿＿＿

评价内容 评价方式	错题（只写题目，不写答案）	错误原因	如何改正错题	评价等级
自评				
互评				
师评				

6. 家长优势，引导家长参与评价

（1）课外阅读评价（如表5所示）。

英语新课标大幅度提高了对学生词汇量的要求：初中毕业的学生要学会使用1500～1600个单词和200～300个习惯用法和固定用法；在初中毕业时，课外阅读量应该累计达到15万词以上。为了扩大词汇量，学生应该广泛阅读英语课外读物。学生英语课外阅读作业的完成情况请家长配合监督，由家长记录阅读篇目的文章的类型、词数以及阅读日期和所用时间，最后写出书面评价。

表5 襄樊市第三十二中学英语课外阅读评价表

（每天至少阅读两篇以上不同类型文章，词数200词左右）

填表人：＿＿＿＿＿＿＿

次数	日期	阅读文章类型（记叙文、说明文、议论文）	文章词数	阅读时间	家长评价	家长签名
1						
2						

次数	日期	阅读文章类型（记叙文、说明文、议论文）	文章词数	阅读时间	家长评价	家长签名
3						
4						
5						

（2）课外听力评价（如表6所示）。

英语新课标还提高了学生对听的技能的要求，仅靠课堂上对学生进行听力训练是远远达不到英语新课程标准对发展学生听力的要求的。因此，教师必须加强对学生课外的听力训练，并请家长监督，参与评价。家长记录学生所听篇目（至少一周三次听力训练）的日期、所用时间以及学生在听听力之前是否对所听内容进行预测，在听的过程中是否跟读、是否做记录。

表6　襄樊市第三十二中学英语课外听力评价表

填表人：＿＿＿＿＿＿＿＿

次数	日期	听力题型（短对话、长对话、短文）	所用时间	家长评价	家长签名
1					
2					
3					

以上两个评价表，发挥了家长在学生学习英语方面的促进作用，既便于家长支持教师的工作，也有利于家长科学指导学生学习英语。

课外学习是课内的延伸。为鼓励学生丰富课外英语活动，又避免为填表所困，评价表每月收交一次（包括有关资料）。教师将收到的评价表和

教研成果篇

有关资料（学生自制卡片，收集的英语资料、磁带、课件等）集中展示，并给学生提供演唱英语歌曲、用英语讲故事等平台，可开展"英语月"活动日，以激发学生进一步学习英语的兴趣。本表评价采用多元式，即有学生自评、互评，也有教师和家长的他评。学生间的互评促进了学生交流，它不仅可使学生交流课外学习的内容，更重要的是通过交流，培养了学生与他人的交往能力，有助于学生健全人格的培养。家长和教师的评价说明、评价用语可从知识与能力，过程与方法，情感、态度、价值观三维目标，对本学期的英语学习进行描述。如对学习等内容可用兴趣浓厚、态度端正、接受能力强、发言积极、乐于表演、师生（生生）互动融洽、作业完成较好等表述，做一个具体、客观、综合的评价。要求突出个性特点、总结成绩、指出不足、提出问题、明确努力方向。通过系列课业成品的积累和较完整的展示，使学生本人和家长看到他们的进步情况。（可装订成册）

7. 实验的结果

本次英语教学评价的实验过程都采用实验班与对照班实施英语教学评价。过一段时间，在不通知、不做任何复习的情况下进行测试，其目的是检验学生的学习效果。测试后进行全班统计（或抽样统计），用科学统计法计算出标准差（或计算出平均成绩和及格率等），就可以比较出教学效果。襄樊市第三十二中学的两次抽测结果（见表7、表8）表明，从平均分到及格率、优秀率、综合指数，实验班都超过对照班。

表 7　第一次抽测结果 （2006年4月）

班级	人数/人	低分率/%	及格率/%	优秀率/%	平均分/分	综合指数
初一（9）班（对照班）	72	4	82	73	71	0.83
初一（7）班（实验班）	72	2	85	76	80	0.86

表8　第二次抽测结果（2007年4月）

班级	人数/人	低分率/%	及格率/%	优秀率/%	平均分/分	综合指数
初一（9）班（对照班）	72	1	84	81	82	0.89
初一（7）班（实验班）	72	0	87	85	91	0.96

三、评价改革出成效，师生共同有提高

1. 学生方面

（1）提高学习兴趣，减轻了学生的学习负担。

英语学科目标教学实施评估量表前，学生普遍感觉初一英语简单，兴趣盎然；初二英语越学越难；初三英语苦不堪言。自从实行新的评价形式后，学生对英语的学习兴趣明显增强，对记英语单词也不感到难了。大部分学生能做到在家自觉听英语录音、看英语电视节目、课外整理课堂笔记，及时复习，主动收集有关英语资料并敢于开口使用所学英语与同学交流。学英语兴趣的提高，极大地激发了学生的自信。从实验情况来看，英语课堂教学效益得到提高，学生学习负担减轻，也为学生广泛发展兴趣创造了条件。

（2）增强学习信心，激发了学生的学习热情。

英语学科多维评价让每一个学生看到了希望。多样的评价激励着情感的升腾；多元评价激发了学生的学习热情。在处处提供成功的机会里，学生的自信心得到了增强。我们在实践中看到：在英语课堂上学生争先发言的人多了，学唱英语歌曲的人多了，主动用英语写日记并要求老师批改的多了，校园里的英语活动也多了……

（3）改进学习方法，积极参加各类英语活动。

评价形式的多维、多样、多元，使学生的非智力因素得到了更多的关注，学生学习情感的变化引起了学习习惯和学习方法的变化。经过一段时间的实验，襄樊市第三十二中学现在大部分学生已能独立拼读单词，不再像以前那样等老师领读后再死记硬背，学生在课前预习、课堂认真听讲、

积极参加各类活动、独立完成作业等方面较前都有了很大提高。

（4）学习目的明确，正确认识了自我。

测试考试对学生来说是检查其学科学业成绩的主要手段之一，有测试就有区别（分数高低）。在"承认差异，允许失败"的理念下，分高的学生不再洋洋得意，分低的学生不再垂头丧气。自实行评价改革以来，学生似乎一下子成熟了许多。襄樊市第三十二中学曾分别组织了部分优秀生（高分学生）和后进生（低分学生）的座谈会。优秀生说，学习不是为了考试，学习的目的是使自己能尽快成为合格的公民，优异的成绩是为将来进一步学习打好基础，以成为社会有用人才；后进生说，考分高低不是学习的根本目的，学习是会遇到困难，面对困难坚持学习也是提高，社会需要各类人才，学科成绩不高也一样能在不同的方面对社会做出贡献。

2. 教师方面

（1）转变观念，教学方式多样化。

过去教师运用目标教学模式，主要集中在如何让学生掌握对英语基础知识和基本技能的形成上，特别重视学科教学中的听、说、读、写训练，尽管在提高教学质量上起到了一定的作用，但仍有相当一部分学生在这种"科学的训练下"掉了队。现在我们认识到语言与情感态度有密切的关系，情感态度对学生的语言学习结果有着重要影响。"观念一变天地宽。"当老师自觉地使用多维评估量表来评价学生后，就发现教育学生的办法多了，对学生的看法也发生了变化，目标教学模式的实施较前也更为得心应手了。

（2）组织有序，教学情绪高涨。

新的英语学科教学评价形式，为更多的学生提供了表现自我的平台。学生学英语的兴趣提高了，情感得到强化，自信心也增强了，这些都为英语课堂带来不小的变化。现在，在评价改革实验班英语课堂中，教师讲的少，大部分时间以学生活动为主，以发展学生能力为主，学生的口头操练人次多、学生操练的面广，学生课堂上英语的形式（游戏、竞赛、表演、对话）等较前都有很大提高。学生反馈信息量的增加，也提高了教师的应变能力、矫正能力等教学能力。符合学生实际的教学计划，学生乐于接受，符合学生心理的评价，更为学生的精神面貌带来了变化。课堂上，学生注意力集中，教学活动井然有序。教师上英语课的心情比以前好多了。

（3）能力提高，教学效果显著。

在试验中，我们以多维评价（学生自评为主）为突破口，让学生找到自己的闪光点，树立心理优势，确立了自信。而教师有针对性地从情感态度、习惯等方面结合学生的学习实际，从一点一滴入手，注重评价的个体性，逐步走上了寓教育于教学之中、寓教育于活动之中的探索之路。本学期，襄樊市第三十二中学英语成绩居樊城区前列，2008年中考，襄樊市第三十二中学有一名学生英语取得120分满分的好成绩。在"湖北省首届中小学英语口语"比赛中，襄樊市第三十二中学七年级学生孙嘉欣获得省二等奖。

当然，这里要特别指出，在英语课堂教学评价的具体实施中，也有一个因时、因地、因人制宜的问题。面对不同的学校、不同的年级、不同的学生、不同的课型、不同的教师，在进行课堂教学评价时，应从实际出发，具体问题具体分析，从而做出恰如其分的评价，切不可削足适履，搞"一刀切"。正因如此，正确的理念是实施英语课堂教学评价的前提和关键。

参考文献

［1］中华人民共和国教育部.英语课程标准（实验稿）［M］.北京：北京师范大学出版社，2001.

［2］陶百强.国外形成性评价相关研究［J］.基础教育课程，2005（11）.

［3］（美）Ellen，Weber著，国家基础教育课程改革"促进教师发展与学生成长的评价研究"项目组译.有效的学生评价［M］.北京：中国轻工业出版社，2003：263.

［4］（美）W.James Popham著，国家基础教育课程改革"促进教师发展与学生成长的评价研究"项目组译.促进教学的课堂评价［M］.北京：中国轻工业出版社，2003.

教研成果篇

积极实施素质教育　努力培养新型人才

——浅谈班主任如何实施素质教育

新一轮基础教育课程改革提出了"一切为了每一个学生的发展"的课改的核心理念，它从真正意义上解决了教育能否面向全体学生的问题。实施全面的素质教育要求我们培养具有积极进取精神和主体人格的新型人才。人格的主体性表现在两个方面：一是具有自主的意识和能力，二是具有自我教育的意识和能力。学生的自我教育过程就是素质教育的实施过程。班主任与学生的联系最直接、最广泛，在实施素质教育过程中起着特殊作用。如何与时俱进，在班级管理中实施素质教育呢？

一、转变教育观念，提高实施素质教育的自觉性

实施素质教育要求班主任不断提高自身的素质。班主任要深入学习现代教育理论，努力提高自身的理论素质，同时，积极参加各项有益的社会活动，全面提高自己的能力，用自己广博的知识和深入浅出的教学艺术赢得学生的尊敬和爱。

实施素质教育要求班主任转变教育观念。我们既要看重学生的学习成绩，又要看重他们的思想品质；既要看重他们各种能力的提高，也不能忘记他们良好的个性心理品质的养成。

学生总是把教师视为最亲近的、最尊敬的人，把教师的言行奉为准

则。这就要求教师以身作则，具有高尚的道德行为。孔子云："其身正，不令而行；其身不正，虽令不从。"在平时工作中，要求学生做到的，我坚决做到；禁止学生做的，自己也坚决不做。即使身怀六甲，我也依然每天早上7点准时出现在教学楼上。我坚持每天比学生早到校，用自己的实际行动感染学生、教育学生珍惜时间；每天都以饱满的热情投入到教学中。妊娠反应曾让我头晕目眩，可当我凝望着一双双求知的眼睛，就完全忘记了身体的不适，全身心地与学生打成一片，同事们常开玩笑说："你一点儿也不像个有身孕的人。"一次，我的朋友下班后来学校看我，只见空荡荡的办公室里，只有我一个人将头埋在一摞摞书本中，不由得感叹道："人家怀孕的人有爱人陪同散步，你却和书本形影不离，你真该歇歇了。"这样的事常常有，我总是来得早，走得晚，为了工作忘记了自己即将成为母亲。当老师一站就是四十五分钟，这在一般情况下没什么，但对于怀孕后的我，可不是件容易的事。一天下来，我的脚总会肿得穿不上鞋子，同事们看见了都劝我搬张椅子坐着上课，可我却说："我的一言一行是给学生的最好的示范，怎么能坐着讲课呢？"就是这样，我怀孕期间没有耽误过一节课，没有请过一天假，没有叫过一声苦。后来，小生命终于如期而至了，可刚刚做了母亲的我仍惦记着自己的学生，没休完产假，就提前回到了工作岗位。当我踏进教室那一刻，眼前的情景让我惊呆了：除了讲台上摆满鲜花外，后面黑板上写满了"高老师，我们想你！"。我再也忍不住了，激动的泪水夺眶而出！为了更多地辅导学生，我不顾刚满半岁的孩子，每天坚持6点起床，那时，孩子刚从睡梦中醒来，是多么需要妈妈的呵护啊！小家伙边笑边伸手，示意要妈妈抱抱，可听着闹钟嘀嘀嗒嗒的响声，想着班上的几十名学生，我就牙一咬，心一横，丢开哇哇直哭的孩子，毅然向学校走去。中午匆匆赶回家，给孩子喂完奶后，又急忙返校，抓紧一切时间给学生辅导。

二、营造良好的班级氛围，促成学生自我教育

良好的班级文化氛围对学生是一种熏陶和感染，能唤起他们对知识的追求，提高他们的审美情趣。

1. 抓日常行为规范的养成教育，进一步规范学生行为

初中生正处在从"他律"向"自律"的过渡阶段，行为规范的养成教育尤为重要。作为教育者必须让学生明确：一名合格的中学生应该是什么样子，《中学生日常行为规范》就是每一位中学生行动的准则和标尺。为了让这把标尺能真正在每位学生的日常行为中起作用，我在班中举行了几次专题讨论，师生一起热烈而深入地讨论。学生还自编自演了小品，反映并批评了他们日常生活中的不良行为和习惯，同学们从中受到了很好的教育。

2. 培养学生朝气，形成积极向上的学风

班级学习风气的好坏直接影响着学生的学习态度。学风正，学生的学习态度常常表现得较为积极主动；反之，学生的态度就被动涣散。班主任应在学风建设上下功夫。怎样建立优良的学风呢？重要的一点是对学生进行艰苦奋斗的教育。在班级活动中，我坚持有计划地向学生介绍古今中外名人成才的经历，比如介绍司马迁、鲁迅、海伦·凯勒、居里夫人等曾经受过的磨砺以及他们对待磨难的态度，然后，让学生结合自身写一些心得体会，在班内进行交流，以此培养艰苦奋斗、努力拼搏的学风。

3. 培养关爱他人的意识，建立和谐的人际关系

和谐的人际关系对学生具有特殊的激励和陶冶作用。无数事实证明，在一个和谐、温馨、人人互相爱护的集体里，人内在的积极性可以得到较大限度的调动，创造性可以得到最充分的发挥。培养关爱他人的意识是同学团结、班级和谐的基础。我十分注重用爱去强化和提升学生们的关爱他人的意识。

（1）抓住学生生病的契机，提升学生关爱他人的意识。

2009年11月29日，我班宋同学因病住院，我利用班会的时间，让同学

们写慰问信。一开始有的学生不愿意写，我就引导学生："一个人在生病的时候，特别需要的是精神上的慰藉，作为同学和朋友，你们有必要把自己的关爱奉献给他。"在我的引导下，大家都开始写了。放学后，全班同学都争着抢着要去医院看望，我选了几名代表。到医院后，我又用自己的钱买了鸡蛋和牛奶，送给了这个学生，这个学生感动地流下了眼泪。

（2）"关爱"氛围的营造，让学生在关爱中找回自信。

某学期在为地震灾区人民捐款的活动中，我班同学积极捐款，捐款总数额居年级前列，其中仅方同学一人就捐了50元。平时同学们之间互相关心，看见谁不舒服，及时带他去医务室就诊；有时看见老师们身体不舒服，也会关心地问候。一次，学生们见我脸色通红，就急忙过来询问，有的学生还给我端来了热水。我认为，正是因为平时对他们的关心照顾，他们都铭记在心，到了这个时候，他们便知道要感恩。

三、关爱学生，以和蔼的态度对待学生

新课程标准提出"一切为了每一个学生的发展"。在平时的教学中，我总是以和蔼的态度对待每一位学生：见面微笑着和他们打招呼；临走时叮嘱他们"慢点，路上注意安全"，甚至有时候给他们打个电话，询问他们是否安全到家；当学生遇到困难时，我就用热情的话语鼓励他；当学生受窘时，我就说句解围的话；当学生自卑时，我就用他的"闪光点"燃起他的自信心；当学生痛苦时，我就设身处地地说些安慰话；当学生犯错误时，我就换个角度想一想，假如自己是犯错学生时需要听哪些话。我感到，对学生要有友善的态度，与学生交谈常要换位思考，使学生从心底里体会到，老师的所做是为了学生好，是为了学生的发展。久而久之，给他们的爱有了回报：我嗓子干了，学生会端上一杯水；我生病了，学生会在办公桌上放下治疗的药；与学生见面了，学生会主动向我问好；和学生分别时，学生会主动和我道别；过节了，有的学生会发短信祝愿，有的学生会拿出自己精心制作的卡片祝愿节日快乐，还会说上一句让我一生都难以

忘记的"高老师，您辛苦了！"……记得有一次下午上第一节课，许多学生无精打采，昏昏欲睡。当时我真想大发雷霆，可我转念一想，这样做会有好的效果吗？初三年级的学生本来就学习时间紧，任务重，压力大，这样做势必会打消他们的积极性，同时也会降低老师的威信，结果肯定会适得其反。于是，我仔细观察了一下，发现班上还有几个同学兴致盎然，我马上对这几个同学进行了表扬，并号召其他同学向他们学习。果不其然，其他学生毫不示弱，迅速打起精神。我又让他们分组比赛唱英语歌，不一会儿课堂气氛就活跃了起来。这节课我顺利地完成了教学任务，谁说下午第一节课就不能出效果呢？

四、做好家访工作，形成教育的合力

家访是班主任联系家长、了解学生的一种重要方式。在提倡素质教育的情况下，家访尤其重要。家庭是孩子学习的第一所学校，家长是孩子的第一任老师。作为班主任，了解学生是在怎样的家庭环境中生活、他们受到的家庭影响，在教育学生时才能做到心中有数、成竹在胸。班主任工作、学校教育，都离不开家庭，只有家庭教育与学校工作相结合，形成合力，才能获得最佳的教育效果。

那一年，我班上有一位贾同学，平时不守纪律，学习成绩也极差，是个所谓的"双料问题"学生，一般老师都对他头疼。我经过分析，决定去家访。贾同学听说后，就躲着不见老师。我主动找到他，向他承诺：一不告状，二不使他挨打。他才勉强同意。家访当天，我特意约了三位任课老师同往，当着他和他父母的面，表扬了他的优点，同时指出他学习方法有待改进，存在马虎等毛病，并语重心长地说："四位老师一起来你家，说明老师没有放弃你，相信你一定能改好。"贾同学听了深受感动。临走时，我又送给他一本英语原著故事书，鼓励他一定要好好学。他把书紧紧贴在胸前，深鞠一躬，眼泪汪汪地说："老师，我会努力的！"听着他动情的话语，我的心被震撼了，我深切地感受到：只要以一颗真诚的爱心对待自己的学生，就一定会有意想不到的教育效果。经过这次家访，贾同学一改往日的毛病，特别是英语成绩有了显著提高，我就经常在班上表扬他的进步，又在课余时间找他谈心，极大地调动了他的积极性。此外，我还经常和他的家长取得联系，沟通信息，达成共识，从而提高教育效果。他最后以优秀的成绩告别了母校。就在升入高中的那个教师节，他拿着一个精美的笔记本来感谢老师。我先是收下这份情深意重的礼物，接着又写上英语祝福"你学有所成是老师最大的希望！"并回赠给了他。他默默地点了点头，舒心地笑了。是我的爱，唤醒了这个失去信心的孩子，是我的情，感动了这个丢掉勇气的学生！几年后，贾同学就从浙江外国语学院给我寄来了一封信，他在信中说："高老师，回忆和您在一起的日子，我真感到幸运！是您无私的关爱，改变了我的人生。从那时起我就立志要当一名像您一样的园丁，用我所有的爱去播撒希望，用我所有的情去浇灌心灵……"

五、挖掘教材的思想因素，提高学生的思想品德素质

学生的思想品德素质是一项重要的基本素质，为了提高学生的思想品德素质，班主任要抓好爱国主义教育和公民意识两个方面的工作。现行的教材，内容特别丰富，思想性特别强，图文并茂，是对学生进行思想教育最好的教材，所以我们一定要充分挖掘教材中的思想因素，渗透思想教育。例如，结合"Mother's Day"一课，让学生根据自己的生活实际，为自己的母亲做一件事情，用英语写一篇文章，以此表达自己对母亲的养育之情的感恩。通过九年级第1单元A disabled person 的教学，通过对残疾人Vinny 身残志坚、坚持航海环游世界的故事的学习，学生认识到"磨砺坚强意志和勇于克服困难是一个人成功的重要因素"；《英语（新目标）Go For It》八年级下册"Unit 7 Would you mind keeping your voice down？"的课程，教会学生要懂礼貌、爱护环境。我们要通过朗读课文，通过语言文字的教学，把爱国主义教育、环境教育、亲情教育渗透进去，激发学生

教研成果篇

的感情。只要我们充分挖掘教材的思想因素，长期坚持下去，学生一定会受到感染、受到熏陶，从而规范自己的言行。组织学生学习时事，开展读书、读报活动，帮助学生了解国家大事和国际上的政治斗争，了解我们的国情、民情，开阔学生的眼界，使学生把自己的学习、生活同祖国命运联系起来。组织召开"我的理想"主题班会，帮助学生从小树立远大理想，从而为了实现自己的理想而不断努力。

六、完善个性塑造，形成良好的个性和情商

大多数中学生是独生子女，他们身上或多或少都存在着刁蛮、任性、懒惰、自私、意志薄弱、吃不得苦、自以为是等缺点，甚至被称为"心理脆弱的一代"，再加上个别家长的溺爱与袒护，学生学习习惯和生活习惯上的不拘小节，我们的教育工作面临着前所未有的困难。面对这种状况，我从注重"小事情"入手，逐步完善学生的个性塑造，使其形成良好的个性和情商。我多次把一向被学生戏称为"成绩报告会"的家长会转变成"独生子女教育问题讨论会"，并定期给学生布置一些"亲情作业"。例如，让学生轮流摘抄报刊上有关青少年心理问题的文章，要求有条件的学生和父母一起每周定时收看中央电视台的《心理访谈》栏目，感受如何与父母、与他人相处，举行系列主题班会"我长大了"等。经过一段时间的努力，我惊喜地发现，班上学生的集体荣誉感增强了，原先特别任性的学生变得有礼貌了，经常跟家长闹矛盾的学生也能心平气和地坐下来与父母沟通了，一个最调皮的学生在我又一次的批评教育后，竟然诚心诚意地向我道谢。体育场上，我们班的学生顽强拼搏，勇夺冠军；学习方面，同学们你追我赶，许多学生还争做小老师，积极帮助其他同学。

七、开展丰富多彩的活动，发展学生的个性

素质教育注重道德建设、心理素质的培养，侧重于能力的提高和个性的发展。响应襄樊市第三十二中学"减负增效"的精神，结合班级的实

际，适时开展班级课外活动，如主题班会（"知襄樊 爱家乡""你如何看待成与败""成绩不理想后"）、英语歌曲比赛、演讲比赛、跳绳比赛、篮球比赛等以展示学生的特长，发展学生的个性，培养学生的才能，让学生积极主动地自我发展。

总之，十多年的班主任工作，我最大的体会就是只要班主任注意把素质教育寓于工作中，从素质教育的要求出发，根据班级的实际情况，注意培养学生各方面的能力，注意养成学生健康的心态，塑造学生完整的人格，学生就一定能真正地成长起来，成为综合素质较强的、符合新时期社会发展需要的新型人才。

参考文献

［1］中华人民共和国教育部.素质教育观念学习提要［M］.上海：生活·读书·新知三联书店，2001.

［2］邵瑞珍.教育心理学［M］.上海：上海教育出版社，1983.

［3］李济才，周丹.心理发展与教育［J］.教育科学，1990（1）.

［4］章志光.学生品德形成新探［M］.北京：北京师范大学出版社，1993.

教研成果篇

浅谈现代信息技术与"三究四学"的
有效整合

新课程标准提出："义务教育阶段的信息课程应突出体现基础性、普及性和发展性，使信息技术教育面向全体学生，实现人人都能获得必需的技能。""现代信息技术的发展对信息教育的价值、目标、内容以及学与教的方式产生了重大的影响，信息学科的设计与实施应重视运用现代信息技术，大力开发并向学生提供更为丰富的学习资源，把现代信息技术作为学生学习和解决问题的强有力工具，致力于改变学生的学习方式，使学生乐意并有更多的精力投入到现实的、探索性的活动中去。"

樊城区教育局从2012年春季开始实施，并于2013年全面推广了"三究四学"高效课堂模式。"三究四学"的"三究"是指个人自主探究、小组合作探究、教师引导探究，"四学"是指课堂教学中的独学、互学、群学、评学四个环节。课堂教学从以教师为中心的授受式课堂教育，发展到以学生为主体的导学式课堂教学形式。在现代信息技术发达的今天，对于新时期的教师来说，熟练运用现代化信息技术显得极其重要，而我们在选择、运用教学媒体和资源的时候要从学生实际出发，对各种教学媒体和资源特征认真分析，精心选择，与生活化资源相互补充。这样，才能更大限度地发挥其作用，真正实现有效的英语教学。在具体的实际教学中，实现运用现代信息技术与"三究四学"的过程如下。

一、利用信息技术，模拟演示，实现学生独学

利用信息技术，模拟演示型教学，把自然规律和抽象的理论知识，或不易观察的微观事物、难于操作控制的实验等，利用计算机通过多媒体CAI教学课件，进行信息综合处理，声音、文字、图像、动态的变化轨迹等多种信息组合，通过大屏幕展现在学生的面前，让学生能自发地调动多种感官参与教学，从而在脑海中形成鲜明的感性认识，对更深一步掌握英语语言起到很大的作用，达到突破教学难点的目的。

在这一环节的教学中，教师指导学生进行独学，可将本节课的新单词呈现在多媒体课件上，便于学生朗读单词、独立学习。再随着"三究四学"的深一步推行，对于每节课生词的学法，又有了新的思路与方法，如学生在学习《英语（新目标）Go For It》八年级上册Unit 7 Section B 新单词apartment时，先向学生展示part、men等单词，学生们通过对旧单词的复习，来学习新单词，可谓是水到渠成。在单词旁边展示公寓套房的图片，加深了学生的记忆，便于学生对单词的掌握。长期培养学生独立自学的习惯，将有助于学生的英语学习和可持续性发展。利用电子白板的交互作用，点击单词，可以出现单词的读音，在读的过程中，训练了学生的听力，可以激发学生学习英语的热情。又如在阅读课文时，学生先独学找出本文的中心思想。独学的过程中，教师可以在学生预习前设计好问题，并将问题展示在多媒体课件上，让学生带着问题去预习这篇文章。

"What day do they sometimes have？""What did they do last year？"Read the passage quickly and find the answer to the question "What kind of special day do they have？"。将这些问题展示在多媒体课件上，有利于培养学生们快速阅读的能力。由于快速阅读是综合运用阅读技巧，在快速阅读时通过逻辑思维获取尽可能多的信息的一种阅读技巧，所以在整个快速阅读过程中，学生独立思考要高度集中注意力，让大脑处于高度专注的状态中，使有效教学得以实现。

教研成果篇

二、利用信息技术，探索研究，实现学生互学

利用信息技术支撑的校园网和互联网，提供给学生丰富的学习资源。在教师的指导下，把学生分成若干学习小组，在学习任务驱动下小组成员相互协作，收集信息、交流讨论、总结归纳，完成学习任务，得出学习成果，能培养学生解决实际问题的综合能力。在互学这一环节中，在教授对话课时，学生通过观看多媒体课件上的对话模式，以《英语（新目标）Go For It》八年级下册"Unit 3 *Could you please clean your room*？"为例：

A：Could you please sweep the floor/...?

B：Yes，sure. Can you do the dishes/...?

A：Well，could you please do them/...? I'm going to clean the living room/...

B：No problem.

展示在屏幕上的这一段对话，引导了学生们在与对子互学过程中的语言交流，也有利于每一层次的学生都有所发展。对他们小组的每位"待优生"，要求只要他们能朗读屏幕上的对话即可；对于优生，则要求学生们看屏幕上的图片，与对子进行对话。这样一来，每一层次的学生都能有所进步，这样就能做到面向全体学生。又如，在教授《英语（新目标）Go For It》九年级Unit 3时，在进行第三环节Practice词汇排查（独学、评学）中：

① 请同学们对照词汇表逐一过关，比一比谁记得又快又准。

② 请同学们以小组为单位，相互学习，挑出重点内容进行讲解。

③ 每组派代表默写下列短语，到电子白板上演板。

志愿做某事_____ 做像那样的事情_____

在一周长时间上课之后_____ 例如_____

有特殊的一天做某事_____ 帮助教小孩子_____

参观小学_____ 养老院_____

像某人做一样的事＿＿＿＿＿＿＿＿＿＿＿＿＿　被允许做某事＿＿＿＿＿＿＿＿＿＿

放三周的假＿＿＿＿＿＿＿＿＿＿

④ 和对子互相检查一下记忆的情况吧！（每组派代表到屏幕上批改，并计入小组成绩）

在进行阅读课教学中，学生们找对子就文章内容进行细读、讨论问题，将各自的疑惑用红笔圈出，带入群学阶段。

① Where did they go last year? What did they do there?

② What does the writer want to be when he's older? Why does he think they should visit?

三、利用信息技术，创设情景，实现学生群学

利用信息技术，根据教学内容的需要，创设与教学内容有关的生动的社会、文化、自然情景，形成一种特定的环境和气氛。激发和培养学生对事物的思考能力和联想、创造能力，让学生通过情景体验，概括知识、形成概念。英语新课程标准在交际策略方面，强调交流与对话，善于把握机会，注意非语言手段在交际中的作用，主动用英语进行意义交流，积极寻求帮助，努力克服困难，完满完成交际任务。这种设计是为了发展学生的综合语言运用能力，要求学生运用真实而自然的语言，达到一个真实的结果。主要活动形式通常是让学生完成真实的交际任务（real tasks）等。而现代信息技术则为学生创设了语境，将师生们置身于各种各样的环境中，一会儿是热闹的超市，一会儿是安静的医院，一会儿在车站，一会儿在机场，学生的兴趣顿时被激发出来，自然顺利地进入群学环节，进行疑惑解答。小组长分配展示任务，各小组（分为A层、B层、C层同学）展示，比一比哪个小组展示最精彩。领读重点句型，（此项任务可交由C层同学完成）讲解句中知识点或延伸到与之相关联知识网。（此项任务可交由B层讲解、A层做补充）请大家补充质疑。小组长带领组员大声朗读课文。让学生在阅读学习中培养良好的习惯，体会阅读的情趣，体验阅读所带来的

成功的激情，最终有效地提高学生的阅读理解能力，实现真正意义上的阅读。为了巩固学生阅读能力，及时落实消化当日所学，将以下的练习题清楚地呈现在多媒体课件上。

1. Read the passage carefully and fill in the chart.

1_____ and Learning	
Where	What
an 2____　3____　4____	5____ songs and performed a play for old people
6____　7____	help 8__ young students
the 9____　10____	11____ for a 12____

2.Fill in the blanks.

We sometimes have a special day to 1 h ____ others at our school. Last year we went to an old 2 p ____ home and sang songs and cleaned the rooms for old people，which 3 m ____ them happy. I think it's good for us to do this. We should be 4 a ____ to take time to do things like that more often. For example，we should visit primary schools and help 5 t ____ young students. I think it would be a great experience for me. Because I want to be a teacher 6 w ____ I'm older. Other students would like to do other 7 j ____ . My friend Tian Ge 8 w ____ to write for a newspaper. She should be allowed to volunteer at the newspaper office once a week. On Friday afternoons，many students are 9 s ____ after a long week of classes. Some students should be allowed to have Friday afternoons off to 10 v ____ and help others.

此处的阅读训练设计旨在提高学生利用英语阅读获取信息、解决问题的能力。在这个阅读训练中，教师可以根据文章内容设计问题，让学生进行话题讨论。在教学这篇文章时，训练学生通过主要的词汇复述文章内容。学生在讨论中获得了用英语交际的真实感受，真正发挥了英语的教育功能。

四、利用信息技术，激励学生反思，实现学生评学

利用信息技术，将评价表呈现在多媒体课件上（如表1所示），方便学生记录，利于学生评价。通过进行学生自我评价、互相评价和小组合作评价，有利于学生相互检查、相互帮助、相互启发、相互促进、相互提高，进一步激发学生参与活动和反思的积极性，带来继续前进的动力。

表1 学生学习情况评价表

组名 _____ 班级 _____ 姓名 _____

评价内容	自评	互评	组评	总评
课堂情绪高涨				
提问积极主动				
小组合作探究积极				
朗读有声有色				
沟通交流主动				
阅读能力提高				

评价标准：满意★★★   比较满意★★   有待改进★

此外，还可以在屏幕上展示作业，如：

Write a letter to the editor agreeing or disagreeing. Explain your reasons. （要求：90词左右）

　Dear Editor,

　I would like to reply to the article "Helping and Learning" in your last newsletter. I agree with some ideas and disagree with others. The article said that students should be allowed to... _____

作业是一个开放型的任务活动，旨在让学生"在做中学"，巩固内化本节课的句型，让学生将本节课的重点知识真正有效地落实到笔头。正如刘道义教授所说：通过小结和检查等评价方式来检测和巩固学生所获得的语言知识和经验，让学生在评价中反思，在反思中进步。只有这样，学生

在"三究四学"的过程中才能逐步不断提高水平。每节课都会在多媒体课件上出示以下两个问题："今天我掌握了哪些重点词汇和主句型，学会了哪些阅读策略？""我还有哪些没有解决的困惑？"这两个问题的设计旨在让学生学会每天反思自己的课堂，不断调整自己的学习策略，便于自己进一步深入学习。

总之，在初中英语课堂教学中，教师要根据教学内容，结合实际学情，灵活运用信息技术来完成与落实"三究四学"，从而达到培养学生综合运用语言能力与创新思维能力的目标。

参考文献

[1] 中华人民共和国教育部.英语课程标准（实验稿）［M］.北京：北京师范大学出版社，2001.

[2] 李连宁.面向未来加快中小学信息技术教育的步伐［J］.人民教育，2000（1）.

"防疫有我，爱卫同行"爱国卫生运动月主题班会

——战疫主题班会案例

一、班会设计理念

面对这场来势凶猛的疫情，作为九年级班主任，我力图以疫情为契机，挖掘素材，利用网络平台，在班级召开传播正能量的主题班会，激发九年级学生内在的斗志，使其形成正确的世界观、人生观、价值观，引导学生明确时代赋予青年人的责任与担当。2020年4月是第32个爱国卫生运动月，主题是"防疫有我，爱卫同行"。于是我结合这一活动，利用网络平台召开了"防疫有我，爱卫同行"的云主题班会。

二、班会准备环节

为了上好这节班会课，我做了充分的准备工作，搜集相关素材，认真查看"学习强国"平台里面有关爱国卫生运动的文章，下载并整理有代表性的图片。一堂有教育意义的班会课，需要学生的全面参与和体验，这样会促进学生自我教育和班集体的不断进步！于是，我在班会之前，发动学生亲身参与劳动，以"晒晒我的书桌"为题，开展了个人卫生、家庭卫生

整理活动，并且让学生拍摄、上交了"晒晒我的书桌"的照片，我将这些照片整理之后做成了彩视（ID：18617735），为班会做好准备。

为此我还制作了奖状，鼓励参与此项活动的同学。（如图1所示）

图1

三、班会实施环节

班会通过"会易通共享屏幕"进行班会直播。为了取得家长们的支持，我还特意邀请家长朋友们参加了此次班会活动。（如图2所示）

图2

1. 视频导入，树立意识

师：亲爱的家长朋友们、同学们，首先请大家欣赏一段视频，这段视频是关于同学们整理自己书桌的内容。

设计意图：通过视频展示同学们整理的书桌，让学生看到自己的劳动成果，让家长们也能够更好地了解孩子，我们的孩子在学习之余还可以分担家务，家长们感觉到自己的孩子在这段非常时期长大了、懂事了、能够自己做事情了。

师：亲爱的家长朋友们和同学们，大家好，我们知道2020年4月是第32个爱国卫生运动月，我们今天的班会主题是"防疫有我，爱卫同行"。

2. 共同学习，提升认识

"那么什么是爱国卫生运动呢？请同学们积极举手发言！"同学们纷纷举手发言。还有学生和大家分享了爱国卫生月的由来。

全国爱卫会第八次委员会扩大会议提出，从1989年起，定于每年4月，在开展群众性爱国卫生活动的同时，要建立爱国卫生月制度。开展这一活动的目的是强化大卫生观念，动员和依靠全社会力量，集中时间和力量，解决群众意见最大而又可能解决的一两个社会性卫生问题。同时，通过爱国卫生月的活动促进经济性卫生工作的开展，增强群众自我保健和共同改善生存环境的意识。具体内容是整顿环境，消灭卫生死角，发动群众对食品卫生和公共场所的卫生进行监督检查；扎扎实实地开展以灭鼠为中心的除四害活动；宣传卫生科学知识，引导群众改变不卫生行为，树立良好的卫生习惯。（如图3所示）

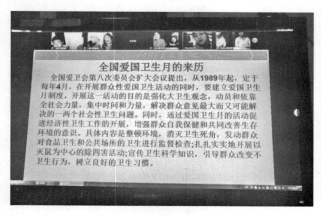

图3

设计意图：通过这个活动，大家共同学习，进一步帮助学生理解爱国卫生月的来历，明白爱国卫生运动的意义。爱国卫生运动是关系到社会基层社区方方面面和全体人民的大事。讲究卫生，除害灭病，需要社会各行各业和全体人民的关心。在加强精神文明和物质文明的大卫生观念的指导下，坚持统一领导，统筹协调，自上而下，加强管理，才能促进并加快爱国卫生运动向更高、更深层次发展。

学生们认识到爱国卫生运动的意义，加强思想认识，并且谈到自己要注重个人卫生，远离疾病，提倡在生活中养成良好习惯。

3. 发出倡议，有效互动

师：同学们，我相信你们现在对爱国卫生运动有了一定的认识，下面让我们一起来学习一下《动员广大群众积极参与爱国卫生运动的倡议书》（如图4所示），请问哪位同学可以来带领我们一起学习一下？请运用会易通的举手功能，现在举手。

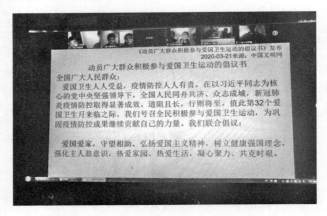

图4

同学们都积极举手，主动参与活动。

设计意图：随着班会的不断推入，学生逐步进入到班会的主题，学生的情绪也逐渐高涨起来，思考自己作为一个青年学生在爱国卫生月活动中，能够做什么，自己以后可以多为家庭、社会、国家做些什么。

全体学生起立，面对屏幕，大声朗读！

生：春回大地时，疫霾消散日。让我们坚韧不拔、持之以恒，全民动员、携手共治，提升文明素质、弘扬时代新风，用健康体魄，建设美丽家园，拥抱幸福生活，共享健康中国！

设计意图：本次班会的核心思想就是让学生们亲身经历，亲自劳动，真正理解爱国卫生运动的意义，明确自己的职责。此刻，让学生们用声音说出自己的心里话！

4. 交流感悟，总结提升

师：请同学们和你的家人讨论讨论自己的做法。

设计意图：此活动的设计旨在为学生与家长搭建沟通交流的平台，让学生与自己的家长交流自己的心得。在此过程中，学生进一步梳理自己的做法和想法，加深印象。这使爱国卫生运动深入人心，也起到了对本次活动总结提升的作用。

四、班会后学生的感悟和行动

此次班会课学生们都深有感触，纷纷写出班会感悟，还有的同学自觉承担家务，知行合一，主动从自身做起，积极参与爱国卫生运动。通过此次爱国卫生运动主题班会的开展，我们将继续贯彻爱国卫生运动的理念，将这项活动常态化。虽然疫情期间同学们居家学习，但是不忘在家主动进行家务劳动，营造和谐的家庭氛围，也为实现襄阳市文明城市建设做出自己的贡献。（如图5、图6、图7、图8、图9所示）

> 四月是爱国卫生月，各个地方和部门都积极地响应号召行动起来。作为社会的一员，我们也应该积极参与，大家都希望在一个清洁舒适的环境中学习、生活、成长，而美丽的环境需要我们共同营造文明的习惯，靠我们平时一点一滴的养成。
>
> 当你看到地上有一张废纸，是否会弯腰捡起？当你看见有人随手丢掉垃圾，是否会劝说？随手捡起一个垃圾是多么的轻而易举，随将垃圾扔在垃圾桶中是多么的容易，如果每个人都能做到这些，就不用清洁工人每天冒着生命危险在马路上横穿拾起"窗外垃圾"，就不用每天值日的同学提着垃圾桶上下楼扫操场上的垃圾。
>
> 营造一个好的环境，不是靠哪一个人，而是靠大家，让我们一起行动起来吧！
>
> ——襄阳市诸葛亮中学教育集团九（13）班汪静怡

图5

爱国卫生从我做起

今年4月份是我国第32个爱国卫生月，经过这一次的疫情，我们明白了改善环境、共享健康、向不卫生不文明饮食陋习宣战、持续推进环境卫生综合整治行动等。让我们携起手来共创美好家园！

——襄阳市诸葛亮中学教育集团
九（13）班蔡一夫

图6

《国家卫生从我做起》

4月12日 18：13周日

我们要杜绝一切危害健康、污染环境的不文明行为，我们要从自己做起，从现在做起，让一切疾病远离我们，做好防护，做到尽量不出门，勤洗手，保护环境。这都是我们应该做到的，只有这样才会让我们的家园更加美好。

——襄阳市诸葛亮中学教育集团
九（13）班王怡冰

图7

今年4月，是爱国卫生运动月。预防和减小疾病，保护人民健康。爱国卫生运动，是我国卫生工作的伟大创举，反映了中国卫生工作的鲜明特色。讲究卫生，勤洗手，预防、减少以至消灭疾病。现在是疫情期间，更要注意卫生。保护环境，人人有责。为城市贡献一份自己的力量！

——襄阳市诸葛亮中学教育集团
九（13）班袁如锦

图8

图9

初中英语听说课"三究四学"模式实施调查研究结题报告

一、课题的缘由及意义和价值

1. 问题的提出

学习语言的目的是为了社会交际，在基础英语教学中，应把对学生交际能力的培养作为教学的最终目标。2011年版新课程标准中明确指出了初中英语教学的目标："……发展听、说、读、写的基本技能，培养在口头上和书面上初步运用英语进行交际的能力……为继续学习和运用英语切实打好基础。"

英语新课程标准倡导英语要体现人文性与工具性的统一。听说课是初中英语教学的一种重要课型。如何提高初中英语听说课的效率，在初中英语听说课方面探索有效的结合学情的教学模式，一直是我们努力的方向。我们学校使用的英语教材是人教版《英语（新目标）Go For It》，它每个单元的第一节课（Section A部分）以培养学生的听说技能为主要教学目标，以一个单元的重点词汇和目标语言为主要内容，并为后面进一步展开教学活动（Section B部分）做好准备。因此，构建一套符合英语新课程标准要求、突出学生主体地位、保持学生学习兴趣，并能取得一定教学成效的听说课课堂教学模式具有十分重要的意义。襄樊市第三十二中学七年级学生来自不同的小学，英语成绩参差不齐，成绩优秀的学生也仅仅只是在书写方面有优势，而听说能力方面比较欠缺，如何提高他们的听说能力势在必行。2013年湖北省襄阳市樊城区开展了区域课堂教学改革，即采用"三究四学"的模式进行教学。"三究四学"模式是一种综合型的教学方法，它集多种教学法之长处于一体，以交际为目的，注意听、说、读、写全面发展。"三究四学"模式强调"过程教学"，主张语言学习必须从情境性的语言模仿入手，形成语言结构形式，学会并掌握在交际活动中使用语言的本领，体现"以生为本"，突出学生主体地位。襄阳市诸葛亮中学教育集团作为课改实验学校，以此为契机，开展了"三究四学"下初中英语听说课的课题研究，通过此课题研究，力图聚焦初中英语核心素养，在英语听说课中创造性地运用"三究四学"的教学模式，以教师创造性的"教"引发学生创造性的"学"，培养学生的合作学习技巧，使学生获得终身学习的能力。对"三究四学"模式下初中英语听说课的策略进行研究，在5P、"三究四学"模式、PWP的原有基础上，不断改进，逐步完善，构建有效的英语听说课教学流程。

近三年运用"三究四学"进行听说教学以来，师生都有了一些可喜的变化，可是随之也出现了一些问题。比如：导学过程中，有的教师不能深入理解"三究四学"的真正内涵，出现了唯模式的固化思想；有的学生在听说教学中不能运用英语表达自己的思想；部分学生独学效率不高；有的学生互学热情高，效率不高；评学时有的学生不能用英语进行有效评价。

此次研究着重针对三年来我们在具体操作中出现的问题，通过调查、访谈教师和学生，针对问题加以具体分析，构建有效的适合襄樊市第三十二中学学情的英语听说课教学模式。

2. 价值与意义

教学模式的产生，不外乎归纳和演绎这两种主要方式。无论是从教学经验中提升、归纳而成，还是从教学理论演绎而成，教学模式一旦成型，就意味着它将开始另一段生命史，那就是到更为广阔的教学实践中去发挥作用并从中得到发展。"三究四学"教学模式作为一种新时期下由实践经验归纳而成的教学模式，必须赋予其丰富的内涵及坚实的理论基础。因为，任何一种教学实践经验要想被更多的教学实践者所理解和接受，就必须以科学可靠的教学（学习）理论作支撑。正如乔以斯和威尔所说："每一个模式都有一个内在的理论基础。也就是说，它们的创造者向我们提供了一个说明我们为什么期望它们实现预期目标的原则。"

二、文献综述

1. 听说教学的国内外研究

（1）国外听说教学的研究现状。

很长一段时间，语言学家和学者们都忽视了对听和说内在联系的研究，直到20世纪50年代，口语成为他们研究的重点。慢慢开始有一些心理学家和语言学家建立了言语行为的理论体系，关于听与说的研究才算是真正开始了。

20世纪60年代，Hymes第一次将交际法引入教学中，这给语言的教学与研究都带来了巨大的改变。交际能力变成了语言学习和教授的目标。束定芳指出语言是一种交际的工具，所以这一思想也必须体现在我们的课堂上（束定芳，1996）。王才仁认为英语教育的本质是交流，我们教授时应该用交流的方式，为了交流的目标去交流。交际能力意味着懂得一门语言，能够在各种环境下运用这门语言与人进行交流，也就是说在口语中人们应该学会在不同的情景下如何去听如何去说（王才仁，1996）。

期刊《理论走向实践》（*Theory into Practice*）中，Webb等（1985）专门有一篇文章讲述通过设计小组活动来提高学生的口语能力水平（*Verbal interaction and learning in peer-directed groups*）。Vivian Cook（2011）提出了听力的三要素：对单词意思的获得、对句子语法的解析、认知和记忆的过程。这三个步骤是相继发生的。第一步要理解单词的意义，在特定的语境下能够快速提炼出符合此场景的意思。第二步要剖析整个句子，他认为需

教研成果篇

要使用两种模式：自上而下和自下而上。分别强调对句子整体的理解和对单个字词的识别。第三步要短时记忆所听内容，在做听力理解时，必须将存储的短时记忆与自己生活中的背景知识相结合，然后做出合理的选择。

Jeremy Harmer（2000）这位国际著名的语言专家在他的著作《怎样教英语》（*How to Teach English*）中指出，人们在社会生活中获得语言的方式同样也适用于课堂上获得语言的方式。经过多年的研究和实验，他总结出口语学习的三大要素：输入、学习、使用。输入可以通过各式各样的可以活动的手段，比如音乐、游戏和讨论；学习是通过课堂活动来掌握发音、语法、词汇等其他语言知识，而非简单地解释句法；使用是在课内外，学生在真实的场景或话题中自由运用目的语。同时，他也提出了有关听力的教学原则：①教学设备要先进；②课前预习要充分；③听力材料要符合学生的语言水平；④注重语言的意义而非形式；⑤教师要吃透教材内容；⑥听力任务布置要合理。

Thompson（1996）的《策略教学能提高听力吗》（*Can Strategy Instruction Imprave Listening Comprehension*）是一本有关课堂听力教学的纵向研究的书，主要研究策略教学对学生的影响。在中国，考试政策一直制约着课堂教学的发展与动向，教师往往只关注语法而忽视听力口语的教学。所以他们对听说教学策略有些抵制，认为这样的策略就是在课堂上多组织小组活动，教师必须全程用英语讲授，不注重语法教学。这样的理解是对听说教学法的表面现象的误解，事实证明在课堂上使用策略教学是能够提高学生的听说水平的。

W. M. River & M.S. Temperly（1978）这两位美国研究者指出，听和说在人类交际活动中占到了45%和30%，重点突出了听与说在日常生活中的地位不可小觑。

Rebecca Hughes（2005）写了《口语教学与研究》，这本书从新颖的角度，从口语的教学、研究、评估、资源等不同方面对口语教学与研究现状进行了分析，并将其与语言学及应用语言学中更广泛的议题联系在一起。

（2）国内听说教学的研究现状。

笔者检索了自2012年以来CNKI中国期刊全文数据库，以"篇名/关键词/摘要"为检索项，"初中英语听说教学模式研究"为检索词进行模糊检索，发现在核心期刊发表的相关研究文章仅有187篇，其中分布如下：2018年1篇，2017年50篇，2016年42篇，2015年38篇，2014年22篇，2013年19篇，2012年15篇。通过检索，我们不难发现对于中学英语听说能力的研究趋向，从2012年以来大体呈现逐年递增的趋势。

在一些教育资源较为丰富的实验学校，已有学校将网络资源与听说教育整合起来。其中重点中学上海中学的实验较为成功，其创建了一个叫作"网上语音室"的听说平台，对学生的听说能力提高起到了推波助澜的作用。自20世纪90年代以来，随着英语课程的改革，越来越多的人开始将注意力转移到在大学中建立语音教室。李艳波（1991）提出听说结合是英语交际教学中的必然趋势。对英语专业的学生来说，提供单独的听力和口语课堂是不合理的，因为独立的课堂不能帮助他们在真实的语境中交流；但是听说的结合能给学生创造真实的交流环境，使他们将学习的重心放在交际技能方面。

武姝璇（2007）将理论与实践相结合提出了三大教学方法策略（主要是系统功能语言学的衔接理论）：①多做听力练习来了解衔接手段；②组织教学活动来掌握衔接手段；③设计对应练习来应用衔接手段。

李晓莉（2005）主张"自主学习"教学理论，认为应该给学生自由的学习氛围、自主的学习权利，这样才能减少学生对听说的畏惧，从而提高其听说能力。陈鸣芬、吴碧丹等（2007）对听说教学的形成性评价进行了探索，分别从教学设计、实施和管理、效果等方面，研究计算机网络环境下，怎样较好地测量学生的听说能力。束定芳和华维芬（2009）在《中国外语教学理论研究（1949—2009）》中将我国的口语教育划分为起始、引入、发展和创新四大阶段，对口语的课堂教学、教学方法、评估测试进行了细致的阐述。

教研成果篇

近几年的文献资料包括如下内容。

第一，探讨听说教学的有效策略。2018年，张向华在《初中英语听说教学的有效策略探讨》中谈到了听说教学的重要性，指出初中是培养学生听说能力的黄金阶段，总结了初中听说教学的有效策略。2016年，庄晓慧在《浅谈中职英语听说教学的有效策略》中试从学生的学习需要、教学内容、教学目标、教学方法、教学评价等方面，对提高中职英语听说教学的有效性提出了一些探索性建议。

第二，听说能力的培养。2018年，武辉在《初中英语教学中学生听说能力的培养》中提到，"听、说"能力的培养是中学英语教学中的主要任务，对此教师务必要重视，创新地应用教学理念建立创新课堂，尊重学生在课堂上的主体地位，激发学生的学习兴趣与学习动力，注重对学生"听、说"能力的培养，促进学生的全面发展，使学生真正掌握英语。

第三，听说教学中的整合教学。2018年，黄梅红在《英语配音在英语听说教学中的应用》中指出探索初中英语听说教学的新模式是英语教学亟待解决的问题。结合英语配音特点，从配音软件的优势、英语配音在英语听说教学中的实施及配音教学的局限性等方面进行研究。

2017年，高翔在《初中英语听说教学与信息技术的整合》中论述了初中英语听说教学与信息技术整合应该遵循的原则，以及初中英语听说教学与信息技术有效整合的理论，并在此基础上，探讨了如何整合初中英语听说教学与信息技术。

2017年，王鹏涛在《浅述初中英语听说教学中的问题及对策》中对常规初中英语听说教学劣势的原因进行了分析，并且提出了解决初中英语听说问题的对策。

第四，任务型教学在听说教学中的应用。2017年，徐盛在《基于任务型教学的初中英语听说课活动设计与实施效果的实证研究》中提出，要在任务型教学法的理论指导下，组织学生积极参加听说课堂活动，让学生在活动中进行交流、思考，用合作讨论的方式运用英语，完成课堂任务。

此研究通过两个班级的对比，试图探索出有利于学生听说能力提升的教学方法，对学生的听说能力以及听说态度和行为等多方面进行了调查，并根据调查结果实施实验方案。为了使研究更具有针对性和科学性，研究者先对学生的听说能力以及听说态度和行为等多方面进行了调查，并根据调查结果实施实验方案。然后，对宜兴市某中学的初三两个班级共86名学生，进行为期7个月的实验，一个实验班和一个对比班分别采用任务型教学法和传统教学法进行对比，来检验任务型教学法是否有效。最后，在实验获得的数据基础上，对任务型教学法的效果进行分析和讨论。该论文就任务型教学法对九年级学生的听力和口语产生的影响，提出了三个问题：①任务型教学法对学生的听说能力产生了怎样的影响？②运用任务型教学法后，学生的听说态度将会发生怎样的变化？③任务型教学法给学生的听说行为带来了怎样的变化？经分析研究发现：①任务型教学法与传统教学法相比，强调听力口语策略的使用，提倡在真实的环境中锻炼英语，能提高学生的听说能力。②任务型教学法提倡"在做中学"，这样的教学法适合初中学生的心理特点，确实能激发学生的学习动机提高学生的学习兴趣和自信心。③任务型教学法采用合作教学，能促使学生参与课堂的听说活动，学生课堂的互动和对于课堂的期待性都提高了。

2016年，郭珊珊在《任务型教学在高职行业英语听说教学中的应用研究》中提出，通过实践表明，在英语听说教学中开展任务型教学能够提高学生的听说能力，并且提高教师的课堂效率。最重要的是任务型教学能够给予学生自由学习的空间，从而让其听说能力不断得到提升。

2015年，温哲在《任务型教学在高中英语口语教学中的应用研究》中以某中学高一年级两个不同班级的学生为研究对象开展了研究。高一（1）班为实验班，采用任务型教学法；高一（2）班为控制班，采用传统教学模式。调查工具是两份调查问卷、两份口语测试卷以及访谈提纲。本研究的方法和程序如下。实验前，作者先对两个班级进行问卷调查和口语测试，主要调查学生对英语学习的态度、兴趣、自信心以及学生的口语水

教研成果篇

平。结果表明，两个班在这几个方面没有明显差异。针对学生在英语口语中存在的问题，作者在实验班实施任务型教学时，有针对性地开展教学。首先介绍背景知识，明确教学任务，然后把不同的任务分配给不同的学习小组，小组讨论并形成报告，最后，分析语言焦点并进行操练。实验后，对学生进行第二次问卷调查和口语测试，以及对学生访谈。结果显示任务型教学法对学生英语口语有积极的影响，优于传统教学模式。所有数据借助 SPSS13.0 软件进行分析处理。作者通过研究达到了预期的目标，得出了以下结论：①任务型教学法能够提高学生的英语口语学习兴趣，能够激发学生的自信心，能够让学生构建积极的学习态度。②任务型教学法提高了学生的英语口语水平和交际能力。③任务型教学法极大地促进了英语口语课堂以教师为中心向以学生为中心的转变。

2. **"三究四学"的国内外研究**

通过文章检索发现，涉及"高效课堂"的文章近三年来高达15 315篇，2018年222篇，2017年6996篇，2016年8097篇；有关高效课堂初中英语听说教学的文章自2014年以来一共有10篇，而关于"三究四学"的文章只有8篇，并且没有一篇与初中英语教学有关。

（1）构建高效课堂的研究。

2017年，赵发忠在《如何构建初中英语高效课堂》中谈到，教师可在初中英语教学中根据教学内容需要，合理采用三种教学方法，构建高效课堂。

2017年，陈晓华在《高中英语高效课堂的构建策略》中分析了高中英语课堂的教学现状，探讨了从三个方面着手构建高效课堂。

（2）关于"三究四学"的研究。

2015年，张博在《延吉市第十二中学语文"三究四学"教学模式实施现状调查报告》中，通过对延吉市第十二中学实施语文"三究四学"教学模式的现状调查，探讨构建高效课堂的可操作性策略。在调查方法上，主要运用问卷调查法和访谈法，结合观察实践与数据统计，分析得出延吉市第十二中学实施语文"三究四学"教学模式的成效与问题，作为论文的现实依据。学校层面，从总体计划现状、阶段性计划现状和实施进度现状三个方面展开分析；教师层面，从教师认知度与落实度的现状，"导学"教学现状和"达标测评"现状方面进行了分析；学生层面，从兴趣度与认知度现状，"独学"学习能力现状，"互学"合作学习现状，"评学"学习效果现状等四个方面进行了分析。该文以延吉市第十二中学各年级学生及语文教师为调查对象，主要运用问卷调查的方式，并辅以访谈和聊天的方式向十二中师生了解情况，最后结合所查找的资料整理分析数据，进而得出结论。在实际问卷调查中，下发学生问卷600份，每个年级下发200份，共回收学生问卷600份，其中有效问卷587份；向十二中语文教师发放教师问卷15份，回收15份，全部有效。研究者通过研究发现高效课堂的教学改革并不是一蹴而就的，在语文"三究四学"教学模式的实践过程中仍有一些整体上的、局部的、动态的、复杂的问题。这就需要学校从整体上进行调适，教师和学生要分别在自己的"导"与"学"中总结经验和不足。高效课堂的核心理念是"自主、合作、探究"，教学的展开要以学生为中心。学校和教师在改进课堂教学方面，如果能从如何提高学生的自主学习能力、合作学习能力和思维发散能力三个角度去考虑，在教学实践中努力探索、积极尝试，那么势必会上出一堂堂生动而高效的新式课堂。

2016年，罗悦在《新课改"三究四学"模式在初中音乐教学的应用实践研究》中首先分析初中音乐课堂教学研究的背景、意义以及国内外的研究现状。其次分析初中音乐课堂新课改的教学特征及学生的生理和心理特征，襄阳市所使用的新课改"三究四学"模式进行音乐教学的效果，罗老师所在的襄阳市（以诸葛亮中学为例）初中音乐课堂唱歌课的教学现状，以及新课改的开展及在音乐教学中的应用（分别在欣赏课、唱歌课、综合课中的实践应用），并且以三种课型为例分别制定了导学案。最后，针对这些问题，制定了相应的发展策略和教学方案。找出了使用的初中教材和课堂中存在的问题，从而全面地探讨出襄阳市初中音乐课堂新课改应用的现状及发展。

笔者在学习国内外有关"三究四学"与听说方面的相关文献之后发现，"三究四学"模式教学在听说教学方面还存在着以下问题：① 尽管很多的一线教师和研究学者都已经发现中国学生在听说实际运用方面的困境，但是对于"三究四学"实施于听说课堂的研究还没有见到。② 以初中学生作为研究对象的"三究四学"实施于听说课堂的研究还是比较少见，大部分的研究集中于高职教育、高校教育和对外汉语教育。也许是因为外语研究者大多集中在高等教育体系，对基础教育接触机会较少，所以国内有关初中八年级的任务型教学法实施于听说课堂的研究相对还是较少。③ 国内的听说研究仍然是以介绍和评价国外研究成果为主。有些层面的研究还未开展，许多问题仍待解决。比如，很少有人触及如何根据国内中学听说教学的具体情况，考虑地区、教材以及学生的差异来实施适宜的听说教学。迄今为止，对于"三究四学"实施于听说教学，大多是泛泛而谈，很少针对某一单元的某一听说课进行研究。

综观以上文献，国外研究者对第二语言听力策略和技巧的研究，多适合具有一定理解力和推理能力的年长少年或成年人，国内对英语听力策略的研究也多偏向策略的研究，针对初中英语听说课"三究四学"模式的研究较罕见。尽管如此，现有的研究也提供了一些实用的经验供借鉴。如，以培养学生的听说兴趣为首，加大听说训练的量，听说的过程中加强方法的指导，多种方式结合听说等。因此我们选了"初中英语听说课'三究四学'模式实施调查研究"这一课题，将"三究四学"实施于听说课堂，结合三年来采用的"三究四学"模式开展调查研究，力求从襄樊市第三十二中学学生听力存在的问题及其表现方面探索有效的听说教学，力求通过研究寻求科学的、有效的听说训练方式，培养学生听说能力。

3. 研究初中英语听说课"三究四学"模式教学

听说能力的培养是我国外语教学中的难点和重点，客观要求我们教学上应探索出符合襄樊市第三十二中学学情的听说教学的高效方法。

（1）根据美国外语教学法专家W. M. Rivers和M. S. Temperly在*Principles of Second Language Learning and Teaching*一书中的统计，在人类交际活动中听所占比重为45%、说为30%，而读、写各占16%、9%。听说作为语言活动的一种外在表现形式，往往充当社会交流活动的先锋。因此，是否能够领会谈话者的真正意图（intentions）或含义（implications），以及如何恰当而准确地表达己方思想观点总是对正常而有效的人际交流起着极其关键的作用。听说能力的提高有助于全面提高学生的英语交流能力，获取高效率的学习，提高教学质量。

课前活动的设计分为听力活动设计和口语表达活动的设计。依据建构主义，学生的学习能力在一定的认知基础上，学生学得更轻松、更自信，知识更系统。新知识只是在旧知识上进行微小的提升，已有知识的铺垫十分必要。听力教学首先要交代听力背景，帮助学生熟悉听力内容，减轻听力负担，从而提高听力效果。其次，还可结合实物教学，如图画来帮助学生猜测听力场景，使教学更加生动有趣，增强教学的真实性和趣味性。再次，在练习题的设计上，教师应依据学生学习能力的不同提前给出不同的听力任务。所有这些，都要在听力活动之前呈现给学生，让他们做好心理准备，迎接听力训练的挑战。维果茨基的认为，新知识和旧知识之间的差距应该是N+1，也就是学习任务的难度不能与学习者实际能力相差太多，应该让他们稍微努力就能完成学习任务，否则就是失败的教学。

（2）实践价值。随着中国经济腾飞，中国教师和学生更加意识到练就一口流利的英语的必要性。随着素质教育的全面实施与推进，英语的教与学也在逐步地改革与创新。以培养学生实际运用能力为目的的听说训练越来越受到师生的普遍关注。

由教育部制定的新课标从2001年开始在全国范围内试行，它提倡我国英语教学尽量采用任务型语言教学模式。该模式提倡学生在教师的指导下，通过感知、体验、实践、参与和合作等方式，完成任务链，在此过程中自然地习得目标语和发展语言能力，实现目标，从而感受成功的心理体

教研成果篇

验，形成积极的学习态度，促进语言实际运用能力的提高。情境教学法是指在教学过程中，教师为了达到既定的教学目的，从教学需要和教材出发，有目的地引入或创设具有一定情绪色彩的、以形象为主体的生动具体的场景，以激起学生热烈的情绪，引起学生的情感体验和态度体验，帮助学生迅速而正确地理解教学内容，来提高教学效率的一种教学方法。

我们使用的是人教版英语教材。它采用任务型教学模式，将每个单元的语言结构和话题结合起来，并联系生活实际，创造性地设计任务。其中听说课是初中英语教学活动中一种常见的课型。它是每个单元的第一节课（A部分），以培养学生的听说技能为主要教学目标，以一个单元的重点词汇和目标语言为主要内容，并为后面进一步展开教学活动（B部分）做好准备。因此，构建一套符合英语新课程标准要求，突出学生主体地位，保持学生学习兴趣，并能取得一定教学成效的听说课课堂教学模式具有十分重要的意义。本文将探索适合初中英语教学现状的听说课教学模式。

在"三究四学"模式教学活动中，教师应根据学生的心理、认知规律，精心设计课堂教学，充分体现以学生为中心、以人的发展为本的教育理念。以学生为主体，以任务为中心，以交际为目的。根据不同层次学生的水平，创造出不同的任务化活动，让学生在运用语言完成任务的过程中学习、体会、掌握语言，让学生通过学习、伙伴合作、协商，在做中学，学中用，学习过程充满了反思、顿悟和自醒，从而可以最大限度地调动学生的学习内驱力，提高他们发现问题、解决问题的能力，发展他们的认知策略，培养他们的合作精神和参与意识，并在完成任务的过程中体验成功的喜悦，充分发挥成功的潜能。教学过程中，教师应关注学生的生活实际和生活体验，让课堂贴近实际、贴近生活、贴近时代，充分挖掘教材和学生的灵感因素，把学生纳入语言教学材料，把语言教学材料生动化，变静态教学内容为动态生活素材，力求以真情实感诱发兴趣，以灵活多样的教法激发兴趣，以愉快的教学发展兴趣。寓创造性教育于课堂教学之中，优化课堂结构，提高课堂效率。

从以上的这些研究也可以看出，对教学研究的注意力已经从教师身上转向学生和学生学习的能力上。但这并不是忽略了教师的作用，相反，不论是哪种课堂教学，都依然离不开教师的引导，甚至在很多方面对教师提出了更高的要求。

综上所述，以上研究者都以自己所在学校或地区为例，开展了实例研究。以张博的《延吉市第十二中学语文"三究四学"教学模式实施现状调查报告》为例，张老师从五部分进行探究：①说明本文所探讨课题的背景、目的、意义和研究现状，并进行主要概念界定；②明确"三究四学"教学模式的理论基础以及新课标的要求；③对十二中语文"三究四学"教学模式的现状调查，主要关注学校的计划和进度，师生的认知度与兴趣度，及"四学"各个环节的进展现状；④通过现状总结出十二中实施语文"三究四学"教学模式的成效和问题，并对问题进行原因分析；⑤在理论依据与现实依据的基础上，针对"三究四学"教学模式实施中出现的问题提出教学与学习的战略性策略，这也是研究的重点。研究的范围是延吉市第十二中学语文在"三究四学"教学模式下的教学现状。通过调查现状，总结现阶段的实施成果，发现其中的成功与不足，进而得出能够促进教学改革更好发展的建议和方法。研究的方法是"文献资料法""访谈法"和"问卷调查法"，其中以"问卷调查法"为主，研究者通过实地的接触与调查，整理问卷和资料，进而梳理研究思路。文献资料法：了解相关课题的研究情况，通过对"语文高效课堂""语文有效课堂"等相关文献资料的学习与研究，对高效课堂的历来研究状况进行了解。访谈法：结合研究问题分别对部分任课教师和学生进行个别访谈和团体访谈，搜集与课题研究内容相关的资料。问卷调查法：设计两份针对不同调查对象的调查问卷，调查分析后了解延吉市第十二中学语文"三究四学"教学模式的实施现状，总结出其中的成功与不足。

鉴于这一现状，我们作为外语教学的一线教师，从我们自己观察教学的独特视角对听说教学展开"三究四学"模式的研究，据以确立我们教学改革的思路，这不仅能科学地解决我们自己的实际问题，使我们的教学步入自觉地用理论来指导实践的理性殿堂，而且也有助于理论本身的丰富和发展。

为此，笔者也将从教师和学生两个层面来进行研究，采用问卷调查法和访谈法在襄樊市第三十二中学开展课题研究。结合教师和学生在课题研究中出现的问题，分析这些问题的原因，从问题出发，设计调查问卷。我们对襄樊市第三十二中学"三究四学"模式下的初中英语听说教学进行一次问卷调查，旨在探索"三究四学"模式在英语听说课堂上对学生听说能力、态度和行为的改变。通过问卷调查，了解学生对"三究四学"模式下初中英语听说课堂的观点，"三究四学"模式下初中英语听说课堂的现状，学生的听说能力的基础水平，以及存在的问题。前测问卷共有19道题，内容大概可以分为以下几个方面：学习兴趣（1—2题）、学习动机（3—5题）、"三究四学"四学环节的课堂参与（6—11题）、学习信心（12题）、学习能力（13—14题）、小组合作（15—16题）、课堂期待（17—19题）。并对襄樊市第三十二中学英语教师进行访谈，了解听说教学的困惑及改进的建议和意见。

4. 概念界定

（1）"三究四学"高效课堂的定义。

所谓高效课堂，顾名思义就是在课堂有限的时间内提高教师和学生在教学和学习中的效率。教师在有限的课堂教学过程中，利用先进的教学理念、教学手段最大限度调动学生的学习积极性，唤醒学生自主学习、自主探究的学习意识；学生通过课堂教学真正获得自主学习的能力，获得创新的思维，实现学生的可持续发展。

（2）"三究四学"教学模式的内涵界定。

"三究四学"教学模式，即指教学过程中的三个理念及教学流程和途径。"三究"是教学理念，即启发引导探究、个体自主探究、小组合作探究；"四学"是教学流程和途径，分为导学、独学、互学（包括对学、群学、小展示）、评学（包括大展示和测评）。

（3）"三究四学"课堂教学模式一般操作要领。

① 导学——明确学习目标，提示自学方法。

a. 开课伊始，教师板书课题，准确、清晰、明了地提出本节课的学习目标和自学内容（根据内容可转化成思考练习）、方法、要求和时间（必要时也可由学生讨论提出），用时2～3分钟。

b. 教师语言简练准确，富有激情，激发学生的学习动机，调动学生学习的积极性，促进学生围绕目标主动学习、探究。

② 独学——个体自主探究。

a. 学生根据独学提示独学教材内容，试做导学中的练习。

b. 在学生独学时，教师通过行间巡视、个别询问等形式进行调查，最大限度地发现学生独学中的疑难问题，特别是摸清学习基础差的学生的疑难问题，并认真分析是集中性还是个别问题，是旧知回生还是新知识方面的问题，对主要的倾向性新问题进行梳理、归类，但当时不纠正，立即调整引导解疑设计，为"后教"做好准备。

c. 独学时间可以集中，也可以根据需要分时段穿插在教学过程中，关键是要保证学生独学时间的充足、独学效果的高效。

d. 独学时间一般不少于6分钟，要让学生有认真看书、思考、练习的时间。要保持有序的课堂纪律，独立思考，独立看书。特殊课型可运用常规性独学（对必须扎实掌握的双基知识的先学）、引导性独学（针对教材或篇章的目标精要、重难点等，确立充满挑战性、趣味性和探索性的导学提纲预习指要、实践操作、收集材料、社会调查等，作为先学指南或拐杖，以激发学生的好奇心和求知欲）、拓展性独学（学生在自主学习教材的基础上，由教师指导参阅与教材内容有关联的课外读物、材料，了解社会、历史背景，以更好地学习教材）等方法，让学生"学进去，动起来，做出来"。

③ 互学——合作讨论探究、启发引导探究。

a. 互学指在学生自学结束后，教师与学生、学生与学生之间开展互动式交流学习活动。时间约为10分钟左右。

b. 互学一般分为更正、讨论、讲解三个环节。

更正——教师引导学生找出演板（练习）中出现的错误，鼓励学生更正，这种更正可以是互相更正也可以是自己更正。在更正的过程中，教师不宜轻易表态。（注意本次练习反馈与"评学"中的目的要求的区别。本次是在学生自学例题或课文后进行，主要是模仿练习，只要求学生基本会做，不会做的可以再看例题或课文。）

讨论——讨论点应落脚在相异构想较多，且触及问题本质的地方。教师应提出直击难点、关键点的问题，先让学生回答，尽可能让较多的学生畅所欲言（尤其是"中差生"）。不能让一个人回答，而不管对错与否，教师就迫不及待地讲解。

讲解——教师讲解的内容应该是全班同学通过更正、讨论还不会的地方。对此，教师不但要讲而且要讲好，以达到帮助学生寻找规律、揭示问题本质的目的。

c. 教师要善于动脑，快速发现问题，寻找解决问题的最佳策略。

明确教的内容。教的内容应该是学生自学后还不能掌握的，即自学中暴露出来的主要倾向性的疑难问题。

明确教的方式。让已掌握的学生先讲（即使倾向性问题，也可能有人会）。如学生讲对了，教师肯定，不必重复；讲得不完整，达不到深度的，教师要补充；讲错了的，教师要引导更正。教师讲的时间一般不超过5分钟，但能通过补充、更正的方式达到解决疑难问题的目的。

明确教的要求。教师不是就题讲题，而是引导学生寻找规律，让学生知其所以然，帮助学生归纳上升为理论，引导学生预防运用时可能出现的错误。

④ 评学——当堂落实目标。

a. 必须保证课堂留有足够的当堂训练时间，着重让学生通过一定量的训练，应用所学的知识解决问题。时间一般不少于10～15分钟。

b. 本次是继"互学"更正环节后的第二次训练，与上次不同的是本次为课堂达标检测，要求学生完全独立地、快节奏地完成。

c. 训练题目可分必做题和选做题两部分。

d. 当堂训练要做到"六有六必"：有练教师必先做、有练必选、有发必收、有收必批、有批必评、有错必纠。坚持做到精选精练，把握难度，删除繁、难、偏、旧的题目，提高训练效果；讲评之前必须先做统计归纳，切实提高讲评的针对性。

e. 学生完成课堂练习时，教师要勤于巡视，督促学生独立完成作业，鼓励必做题做完了的学生做选做题或思考题。通过巡视，注意检查纠正学生练习过程中的不良习惯，了解哪些同学真正做到了"堂堂清"，尤其关注后进生，若有困难，则课后要主动对其进行个别辅导，做到"日日清"。要及时批改当堂作业，讲求质量和效果，避免错过学生及时纠误的时机，尤其是后进生，要让他们尝到成功的喜悦。其中，作文原则上应在三天内完成，杜绝积压。每个教师的备课笔记上都应有作业批改记录，并且建立错题档案。

5. 研究的意义

本课题研究具有以下几方面的实际应用价值。

（1）从以下三方面进行课题的研究，研究内容具体如下。

①调查初中英语听说课"三究四学"模式前、后教学状况；②探索影响初中英语听说课"三究四学"模式的因素；③明确改进初中英语听说课"三究四学"模式的策略。

（2）学校层面。

①推动襄樊市第三十二中学课程改革健康有序地向前发展，不断增强面对教育发展的能力；②将课堂教学建立在学生有效的自主合作学习的基础上，从而使教师的教更有针对性和实效性，构建起符合襄樊市第三十二中学实际的优质高效听说课教学模式，提高初中英语听说教学效益；③发

展壮大一批教师队伍，培养更多的"四有"好教师。

（3）教师层面。

①通过教育科研的引领和牵动作用，明确素质教育新形势下的一些基本理念和教学思想的前提下，通过一套简练又可操作的课堂教学流程，规范自己的教学行为，不断提升教育教学水平，不断提高教育质量；②积极引导学生参与到课堂教学活动中来，使学生成为学习的主人；③新课程更注重课堂教学的有效性，它既体现"教"的有效性，又体现"学"的有效性，而学生的课堂听说活动对听说课的有效性往往起着决定性作用，在听说课教学中，如何提高合作学习效率，如何设计课堂提问，如何创建和谐的课堂，如何有效培养学生听说能力，如何维持学生学习兴趣等，都是提高听说课教学效率的关键。

（4）学生方面。

①培养学生良好的预习习惯。以往的学生在学习新课前不预习或预习不充分就进入课文学习，学生没有对教材文本进行投入，缺少听力材料所必要的知识准备。本课题的研究有利于学生养成良好的预习习惯。②增强学生语言交际能力。在大多数学生的意识中，学习英语只是读读课文，做做题目，缺乏听说交际能力。本课题的研究将帮助更多的学生提高语言交际能力，提高听说课的教学效率。

三、研究目标和主要研究内容（问题）

1. 研究目标

引导初中英语教师树立"以生为本"的教学观念，有效应用"三究四学"的教学模式，使之适合学校情况的听说课教学。通过实验，达到以下两个目标。

（1）探讨适合襄樊市第三十二中学特点的初中英语听说课教学模式，帮助学生优化听说策略，增强交际意识，培养交际能力，提高课堂教学效率，大面积提高教学质量。

（2）培养一批适应新课改、具备教育新理念、能驾驭多种教学方法的高素质英语教师队伍。

2. 研究内容

（1）调查初中英语听说课"三究四学"模式前、后教学状况。

（2）探索影响初中英语听说课"三究四学"模式的因素。

（3）明确改进初中英语听说课"三究四学"模式的策略。

四、研究方法

1. 问卷调查法

结合课题的研究内容，有针对性地开展课题研究。我们对襄樊市第三十二中学"三究四学"模式下的初中英语听说教学进行了一次问卷调查，这份问卷的研究目的是探索"三究四学"模式在英语听说课堂上对学生听说能力、态度和行为的改变。

通过问卷调查，了解学生对"三究四学"模式下初中英语听说课堂的观点，"三究四学"模式下初中英语听说课堂的现状，他们的听说能力的基础水平，以及存在的问题。前测问卷共有19道题，内容大概可以分为以下几个方面：学习兴趣（1—2题）、学习动机（3—5题）、"三究四学"四学环节的课堂参与（6—11题）、学习信心（12题）、学习能力（13—14题）、小组合作（15—16题）、课堂期待（17—19题）。

2. 访谈法

访谈法是研究者对教师做面对面的直接调查，是通过口头交流方式获取有关资料的方法。研究者选择访谈法是因为在提问时，研究者可以观察对方的面部表情、语音语调，对谈话的方式和话题做出相应的改变；在回答问题时，受访者可以自由坦率地表达自己的观点，这为课题研究的顺利进行提供了珍贵的第一手资料。在访谈开始前先列出提纲，给教师一定的时间思考这些问题，然后以聊天的方式用中文与他们交流，希望能发现他们内心真正的想法。

问题一：您认为什么样的听说课才是一堂好的英语听说课？为什么？

问题二：您认为关于英语听说课高效课堂的实施方面还存在什么样的问题？

问题三：您认为是否所有的课都必须使用"三究四学"模式？

五、资料分析与研究结果

1. 资料分析

我们对襄樊市第三十二中学"三究四学"模式下的初中英语听说教学进行了一次问卷调查，对襄樊市第三十二中学英语教师进行了访谈，现就相关的几个问题做一些简单的分析。

（1）关于"三究四学"模式下的初中英语听说教学相关问题调查。

调查显示：①有关听说教学，从200份问卷随机抽查50份做了统计，喜欢的占26%，一般的占68%；②对于"你觉得老师在英语听说课上讲解多长时间比较好？"22%的学生认为30～40分钟，48%的学生认为20～30分钟，20%的学生认为10～20分钟，10%的学生认为5～10分钟；③对于"在导学环节，教师在开展新课前的英语听说课导入设计或者情境创设效果如何？"，42%的学生认为能吸引，40%的学生认为有时能吸引，18%的学生认为老师很少设计或从不设计；④对于"你喜欢什么样的英语听说课氛围？"，80%的学生喜欢课堂气氛活跃，15%的学生喜欢课堂气氛安静，5%的学生喜欢课堂不受约束；⑤在"英语听说课上老师只点拨知识点"方面，50%的学生认为自己完全可以应付，老师点拨一下就可以了，35%的学生认为不行，好像自己总是总结不到位，15%的学生没感觉；⑥对于"在英语听说课上，你如何看待教师布置的讨论题或思考题？"，50%的学生认为切入主题，经典恰当，25%的学生认为由于预习不好，不怎么了解，25%的学生认为感觉自己境界不够，没有感觉。

（2）关于"三究四学"中"四学"的几个问题的调查。

调查显示：①对于"在英语听说课上，你在'独学'的时候更注重哪方面的学习？"这个问题，55%的学生认为是熟悉听力材料，25%的学生认为是熟悉单词和句子，20%的学生认为是熟悉听说技巧；②在"你在'独学'时通常会遇到什么困难？"的问题上，35%的学生认为是单词难理解，15%的学生认为是注意力不集中，30%的学生认为是没预习好，导致独学效果差，20%的学生认为是只听不说；③面临"在英语听说课上'独学'的时候你完成任务的情况如何？"这个问题，15%的学生认为是在完成任务的基础上提出自己的问题或见解，65%的学生认为是基本完成任务，20%的学生认为是很难完成任务；④在"你在'对学'过程中学习效果如何？"这一问题中，15%的学生认为很好，65%的学生认为一般，20%的学生认为不好。

（3）关于"三究四学"中小组合作的几个问题的调查。

调查显示：①"在组内展示和班级展示的环节，你是如何看待发表和展示的？"15%的学生认为这是一次机会，我愿意参与合作并踊跃展示，65%的学生认为我服从组长的安排，20%的学生认为我比较内向，不喜欢发言；②"你是如何看待在英语听说课上主动发言，积极展示的同学？的"13%的学生认为他们只是爱表现自己，70%的学生认为他们自信而且勇敢，17%的学生认为自己也希望加入他们；③"在英语听说课上你没能积极主动合作与展示的原因是什么？"77%的学生认为因为害怕说错，担心同学笑话自己，13%的学生认为因为老师不给自己机会，不肯定自己，10%的学生认为因为预习不好，跟同学没有什么探讨的内容；④"你与你的学习小组成员相处融洽吗？"13%的学生认为关系很好，66%的学生认为还行，13%的学生认为一般，8%的学生认为不好；⑤"你所在的学习小组有明确的分工吗？"80%的学生认为有，大家各司其职，12%的学生认为还行，主要听组长的，8%的学生认为感觉比较乱；⑥"你认为小组合作学习的效果如何？"83%的学生认为明确掌握课堂知识，9%的学生认为浪费时间而已，8%的学生认为总是部分同学参与。

（4）关于"三究四学"中课堂效果的几个问题的调查。

调查显示：①"你觉得接受新英语听说课模式后，课堂有什么变化？"81%的学生认为变得更精彩了，很喜欢，10%的学生认为仍是老样子，换个形式而已，9%的学生认为有变化，但自己不喜欢；②"在接受了新的英语听说课模式后，你的英语成绩有什么变化？"75%的学生认为进步很大，15%的学生认为有进步，3%的学生认为没有进步，7%的学生认为无所谓；③"在英语听说课上，你们是如何组织学习评价的？"11%的学生认为老师组织的记分制，25%的学生认为组长领导的记分制，61%的学生认为师生共同参与的记分制，3%的学生认为无所谓，都是形式上的。

（5）"三究四学"模式下初中英语听说教学相关问题的分析与思考。

通过问卷调查，发现需要对学生进行思想动员，强调听说在英语学习中的重要性。很多学生知道其重要性，但是由于学习不得法，或是缺乏练习的环境，慢慢地失去了对英语听说的兴趣。因此，在平时的听说教学中，还是要灵活运用多种方式，激发学生内在动力，培养学生听说的兴趣。

（6）教师访谈实录。

对襄阳市诸葛亮中学教育集团初中英语教师进行访谈，访谈对象为三人。

A：22岁，女，大学生，2年教龄，教七年级

B：43岁，女，大专生，22年教龄，教八年级

C：48岁，男，大学生，26年教龄，教九年级

问题一：您认为什么样的听说课才是一堂好的英语听说课？为什么？

A：学生积极开展英语听说活动，比如，小组展示是学生上台表演、此时运用所学目标语言，在一定的语言环境中，学生能够将目标语言运用自如。

B：我也赞同，不过我感觉在听说课的过程中，我们是不是还应该引导学生掌握适合自己的听说方法，养成良好的听说习惯？这样学生逐渐习惯用英语听说，达到交流的真正目的，获得综合运用语言的能力。

C：我们的"三究四学"课堂，在学生小组合作方面，的确起到了很

好的推进作用，可是你们注意观察没有，有的班级在这一方面做得好一些，学生合作有效，可以讨论出一些有意义的话题。

A：是啊，我也这样觉得，我发现有的班级在这方面做得的确要好一些，可是这究竟为什么呢？

B：我发现，这是因为有的班级提前了解学生的情况，根据不同情况，及时对小组的人员进行调整，从而实现有效合作。

C：不知道你们有没有发现，"三究四学"这种教学模式中的小组合作，可以迫使每个人都参与进来。但是我也发现了一个缺点，就是分组的时候肯定每组都有一个基础差的学生，他都是不怎么参与活动的，或者是参与程度不高，都是别人把正确答案说出来了，他再依照别人说的重复一遍。我觉得我们布置任务的时候，可以选择几个他们能够完成的任务，然后专门由他们这个水平的人来发言，这样也是另一种的公平竞争，也可以激发他们的积极性和课堂参与性。

A：不错，这是个好主意，我也会在以后的课堂中加入的。

C：还有一点，有些老师在课堂中对学生的评价过于单一，有的难的问题是加1分，容易的问题是加1分，导致合作难以推进、合作低效甚至无效。我们应该在布置任务的时候就明确，比如，小组集体回答的加6分，小组代表回答的加1分，难题可以增加1分，这样也可以激励他们的小组成员的参与性，表演的时候也可以换几个人来。

B：我还发现，小组讨论既有好处也有坏处。有的组是自己管自己，来不及讨论；有的组是几个"领头羊"负责说，其他人就听听答案；有的组长能干，是他催着组员说话的。所以，我们还要再动员学生，或者建立更加完善的监督和管理制度，每个人的能力不一样，要安排好每人的角色确实也比较麻烦。

C：对组与组之间的人员进行调整，可以有效解决这个问题。

问题二：您认为关于英语听说课高效课堂的实施方面还存在什么样的问题？

教研成果篇

A：我们年级组有老师认为，担心影响学生成绩。

B：是的，我们组也有老师提到了这个问题，我分析了一下，是因为有的老师对"三究四学"教学模式的操作还不够熟练，导致在教学中间出现了脱钩的环节，致使教学时间不够，影响了教学。

C：还有老师认为新的教学模式还不如传统教学，一节课就那么45分钟，学生闹一闹，一会儿时间就没有了，自己还得赶教学进度，得不偿失，还不如使用自己熟悉的老方法，既省时又实用，何乐而不为。

A：我们年轻教师倒是愿意多尝试不同的方法，可有时不知道哪种方法更适合学生。

B：这的确需要我们能够静下心来，好好研究我们学生的情况，分析他们的问题，将"三究四学"模式游刃有余地运用到我们的听说教学中去。

C：据专家分析，一个教师至少要掌握2或3种教学模式，我们对于新的教学模式不应该一开始就持排斥的心理，我们可以找寻新教学模式的规律，探寻适合我们学生的有效方法，唯有如此，才能实现学生们健康快乐成长。

问题三：您认为是否所有的课都必须使用"三究四学"模式？

A：对于这个问题，我感觉新授课可以多采用这种模式，在这一过程中，导学、独学、互学、评学四个环节相得益彰，层层推进，水到渠成，可是有的课用起来还值得商榷。

B：我本人也觉得教师在新授课时，可以使用这种模式进行教学，学生在"四学"的过程中，逐步进行了三个层次的探究，习得了语言，体验感悟语言，进而达到语言学习的目的。但是在运用"三究四学"模式的过程中，我也有一些自己的想法，不知道合不合适说？

C：但说无妨，我们今天的交谈都是为了我们能够改进我们的听说教学，逐步帮助学生学会听说，乐意听说。

B：好吧，我感觉在"三究四学"的具体实施中，有一些指令的语言，比如聚焦等，我感觉我们英语课堂应该多创设英语氛围，有时候汉语的口令容易打断学生的思路。

A：是的，有一次我们组在一个班听课，正听得带劲，一声"聚焦"着实让听课的老师们吓了一跳，还以为怎么回事呢！

C：是的，我们是不是可以把这些指令语言翻译成英语，比如"please"，既起到了让其他学生聚焦的目的，又能显现我们学习英语的绅士风度。

A：对啊，连课堂用语都这么有礼貌，学生们实际上也在无形中体会到文明的魅力。

B：这倒是个好主意，这样将指令语言翻译成英语，实际上也就创设了英语的氛围，一举几得，姜不愧是老的辣，为您点赞！

C：哈哈，谢谢你们的肯定，实际上我也一直在思考这个问题，看来我们是不谋而合啊！

从对上述几位教师的访谈，我们不难发现，在"三究四学"模式在听说课的推进过程中，出现的问题主要还是集中在教师和学生两个方面。教师方面需要进一步加强对新模式思想上的接纳与认可，要有创新思想，敢于尝试新事物，还要不断加强学习，明确"三究四学"的本质内涵，接下来调整自己的教学，心中有模式，但又不唯模式，根据学生的具体情况，不断进行调整，进行变式教学，从而摸索出适合自己学生情况的听说教学方式。对于学生而言，则要明确自己的学习动机，端正自己的学习态度，调整自己的学习策略，学会与他人沟通交流，学会合作。

（7）存在的问题。

通过调查研究和访谈，发现在进行课题实验的过程中，教师在实施"三究四学"模式下听说教学方面存在一些问题：相当一部分初中英语教师缺少听说技能整合教学的意识和能力，重视听、忽视说的问题比较突出。在运用"三究四学"模式进行听说教学实践中，教学目标定位不准，听说关系处理不当。

① 教学目标定位不准。在听说教学设计中，有相当一部分初中英

教师对Listening，Speaking的教学目标还缺乏较为清楚的认识，在具体的教学设计中教学目标定位不准的问题可以归纳为以下几种。问题一：教学目标过于笼统，没有真正涉及与具体听说活动相关的语篇知识、听说技能和听说策略，没有涉及与听说内容相关的情感态度和文化意识。只听与听力有关的知识，如在听说教学中，只陈述了要提高学生的听说能力。在类似于这种笼统目标的指导下，听说无法真正落实。问题二：目标陈述不规范，行为主体混乱。教师的教学行为与学生的学习行为混为一谈，学生的学习行为和学习结果混为一谈。问题三：重视听力而忽视口语。听说教学目标中缺少对相关的口语技能目标的陈述。

② 听说关系处理不当。在听说整合教学实施过程中，许多教师听说关系处理不当，具体体现为重视听力而忽视口语。只重视听力，口语方面则一带而过，有时实际上没有进行口语的训练以及口语方面的工作。当然，也有部分教师兼顾听说，计划在课堂上完成听说任务，但由于教学时间受到限制、教学时间分配不够合理等因素影响，具体教学中听力耗时过长，当堂课完不成教学任务，教学设计中的说成了"走过场"的活动一带而过。

（8）分析原因。

① 教师方面。教师个人素质能力的不均衡。有些教师甚至用中文上课，这对学生的听说能力培养有负面的影响，同时也加固了学生的汉语思维，不利于其英语思维能力的发展。一些教师缺乏正确的教育理念：认为听力训练只需给学生播放录音、做些选择题就可以了；口语训练只需仿照课文对话，进行简单替换。有些教师不管听与说的内容是否有联系，导致听说严重脱节，学生根本无法体验用英语交际来解决实际问题。

② 学生方面。主要是学生性格、学习习惯的影响。我们的学生大部分都比较内向，特别是处于青春期，他们自尊心特别强，又害怕犯了错误丢面子。具体表现表现为：不愿意大声朗读，更不愿意用不熟悉的英语进行交流。有的学生缺乏好的学习习惯，比如在听的过程中过多地注重单词

的意思而忽略整体理解，或是对话中只要有一句话思维没能跟上，就放弃整篇文章的信息。在说的过程中，因找不到贴切的词来表达自己的想法，而放弃用英语交流，陷入了因害怕说不好而不愿说，而越是不愿说就越说不好的恶性循环。通过三年的课改实验，这一现象有了明显的好转，部分学生敢于表达自己的观点，小组同学们也能够积极展示，可是随之也出现了一些问题，比如在小组交流的时候，有部分学生等着其他同学的答案，还有部分学生上课回答问题很积极，可是正确率不高。通过观察学生、问卷调查、访谈等多种形式，我也逐渐发现学生不敢开口说英语甚至大声朗读英语的原因。有近80%的学生在小学学习英语时，读英语和说英语时由于出现这样那样的错误，受到过老师的批评甚至斥责，而小学生年龄小，当时不太理解老师们的说法和做法，因此产生了对英语学习的排斥，有的学生甚至留下了很深的心理阴影。有的学生认定了自己就是学不好英语的，无形中为自己贴上了"学不好英语"的标签。有的学生则因为没有养成学习英语的好习惯，不知道学习英语的正确方法，导致自己停滞不前。这些学生因为没有在英语学习方面获得任何的获得感和成就感，在小学就早早放弃了英语的学习，更不必说用英语来听说了。

③ 听说课。a.英语听说课创设语言的氛围显得极为重要，"三究四学"的课堂中一些汉语指令比如"聚焦"等，是能够引起学生的注意力，可是在英语课堂中往往打断了学生的英语思维，对创设英语氛围有所影响。在小组展示时，其他学生进行评价时，学生只能用简单的好或不好来进行评价。对于如何用英语进行评价，如何有效评价其他学生或其他小组的具体表现，让评价真正发挥其实效性，学生并不熟练。b.初中英语"三究四学"的听说课中要求学生独学，导学案中设计了学生自学单词的环节，由于缺乏单词的学法指导，有的老师甚至认为单纯将导学案下发下去，学生就能掌握单词，结果就出现了问题：有些学生能够认读单词，但不能够掌握单词的用法，导致听说无法正常进行；有的学生干脆直接将导学案单纯完成，而不认读，成了单词是单词，只不过从书本机械地搬到了

导学案上，学生并没有达到掌握的真正目的，更别提用单词来进行听说交际了。

（9）策略。

① 要想改变这些问题，就要因人而异，针对不同的学生采用不同的办法，鼓励学生大胆开口，哪怕有的学生今天只开口说一句英语，也大力表扬，逐步树立他们的自信心。老师的鼓励，同学们的点赞，将会无形中促进这些学生重塑自我、重拾信心。这些心理的变化将对学生的听说行为产生积极的影响。

② 采用多种方式鼓励胆子小的学生，在班级营造人人开口、不怕错误的氛围。只要克服"害怕"这一心理，学生敢于大胆表达，学生就有相应的鼓励，以此推动学生们共同前进。

③ 对于部分没有深思熟虑就发言的学生，则引导他们学会"三思而后行"，鼓励他们想好了再说，把语言组织好了再发言，让他们回答问题时比平时慢五秒，逐步养成思考成熟后再发言的好习惯。

④ 一方面老师在课堂上教会学生正确认读单词的方法，另一方面则让学生相互交流听说英语的方法，学生之间相互带动，形成听说英语的良好氛围。

⑤ 在教学中，将指令翻译成英语，尽量创设英语氛围，引导学生进行英语评价和具体的评价。教师们集体研讨出适合本年级或本班的有效英语评价用语，结合学生所学语言，引导学生学会评价。有效评价将指导学生调整自己的学习行为，也体现了培养核心素养方面对学生的思辨能力、用英语进行表达的能力的培养。

⑥ 引导学生掌握认读单词的正确做法，使其学会读单词，掌握正确的发音，总结归纳正确发音的规律，养成朗读单词、句子的好习惯，为听说学习打下良好的基础。

2. 研究结果

我们对"三究四学"模式下初中英语听说课的流程策略进行了研究，

在5P、"三究四学"模式、PWP的原有基础上，不断改进策略，有效定位教学目标，逐步完善听说环节，构建有效的成长英语听说课的流程，即：自然导入，激发听说兴趣，点燃智慧 — 自主学习，提高听说效果，聚集智慧 — 合作探究，培养听说能力，启迪智慧 — 总结提升，培养听说能力，展示智慧。

一堂课如同一首优美的散文，开头漂亮，就能引人入胜；一堂课又恰似一支动人的乐曲，开头就定好了基调，扣人心弦……常言道：好的开头便是成功的一半。导入是初中英语课的第一个环节，十分关键，能提高整个智力活动的积极性。因此我们要创造科学有效的导入形式，这就必须把握初中英语听说课的特点，根据学生好奇心理，运用喜闻乐见的形式，自然导入新课，激发学生听说兴趣，启迪学生智慧。但鉴于有的学生由于受知识、年龄等限制不会质疑，有的胆小不敢质疑问难，有的满足于一知半解、不愿质疑问难等情况，我们教师需要创设条件，努力营造氛围激励学生质疑问难，要善于灵活地向学生提出探索性问题。

以人教版《英语（新目标）Go For It》九年级"Unit 1 *How do you study for a test？*"为例，为了激发学生学习兴趣，启迪学生智慧，笔者采用了如此导入的方式，即借助真实的情景与学生交流，自然真实地引起了学生们的共鸣：问"What are you doing？"，学生回答"We're studying English"。再提问"How do you study English?"，学生自由回答"I study English by..."。紧接着问"If we want to know how we study English, what can we do?"，学生答"We have a test"。最后接着问"How do you study for a test?"。层层深入，引出了本课的目标语言。提出问题后，再引导学生独立学习、思考，初步感知教学内容，做好必要的心理准备。由于结合了班上学生的实际情况，主动、合理、创造性地丰富和调整教学内容，将课程与教学紧密地联系起来，和学生共同行动，利用网络、图书、媒体多方获取信息，让学习与生活有机地结合，使学生对一堂课的学习目标和基本方法做到心中有数。由于导学案中提出的问题是预设的问题，但课堂充满了不确定性和动态生成的特征，课堂即时生成的问题一定是真实的问题，所以我引导、鼓励学生大胆质疑，做到会用、善用双色笔和纠错本。当学生独学遇到问题或产生疑惑时，运用双色笔随时在课本上、导学案上、教室的黑板上圈画问题，记下自己的疑惑。并引导学生使用英语进行交流，如学生在听不懂他人的话语时，可以使用"I beg your pardon..."之类的话语，这样既创设了英语的氛围，又达到了语言交流的目的。另外，学生对自己在理解和解决问题时出现的问题加以深入分析，随时记入纠错本，并用双色笔着重标注出解决问题的关键。在引导学生提出问题、发出质疑方面，引导学生独学时提出质疑，使课堂独学的整个过程就是在围绕解决问题、发现问题、探究问题、再解决问题的逐级逐层提升的过程，激发学生听说兴趣，启迪学生智慧。

六、结论及讨论（或者政策建议）

1. 初步总结出听说课教学模式

通过课题研究，初步总结出了听说课教学模式。在一次同课异构的活动中，两位教师的课堂气氛活跃，学生们在语言环境中学会运用语言，提高了听说教学的有效性。其中刘老师还组织学生们以小组为单位，运用本节课的目标语言进行对话比赛，比一比哪一组应对准确流利，赛一赛哪一组反应速度快、谁先坐下来，学生们跃跃欲试；吴老师则采用结合话题内容，让学生们以小组为单位进行讨论，以小组表演的方式，开展小组表演竞赛，活跃了听说课的课堂气氛，促进了有效的听说课教学。课题组教师通过对这两节课的议课，对教学流程谈了自己的想法，比如真实语境的创设，"三究四学"的具体应用等，同时提出了自己的疑惑，如对于每个单元1a—1c的教学该如何处理的问题，学生什么时候打开书本比较合适，是句型全部操练到位以后再进入课本的学习，还是操练一部分就落实一部分？哪种方式更加有效，学生能学得更加轻松，学习效果更加显著？因此，大家提出在下次的课题研讨课中，授课教师是否能解决这一问题，对自己的听说教学程序逐步加以改进，力争更加适合学生，培养学生的听说能力。俗语有云：教学有法，教无定法，贵在得法。对于英语听说课而言，教师要结合自身特质，博采各法之长，灵活地设计课堂结构、深化训练活动，以情境带动交流，以情感升华主题，以智慧实现高效。

2.思考

此次课题研究将对学生的英语终身学习起到极大的促进作用，今后我们还将展开多方面探寻的研究。因此，在后期的课题研究中我们还将做到如下方面的内容。

（1）继续查找影响或制约英语听说课堂教学效率的原因，积极寻求解决办法。

（2）结合樊城区"三究四学"的课堂教学改革模式，提炼适合学生学情和具有襄阳市诸葛亮中学特色的初中英语听说课教学模式，进而提高英语听说课课堂教学效率，促进初中英语新课程的顺利实施。

（3）针对实际存在的问题，结合学生实际情况，组织丰富多彩的学生活动，用以检验初中英语听说课堂教学的有效性。

通过此次课题的研究，我们希望能够带动更多的教师积极主动参与到课题研究以及教学研究中来，使襄樊市第三十二中学的每位教师都能积极投身课改，做到以生为本，面向全体学生，科学执教，以研促教，减轻学生的负担，创建有效课堂，为实现樊城区的教育愿景"学校特色鲜明，教师工作幸福，学生快乐成长"，尽自己的一份微薄之力，让襄阳市诸葛亮中学教育集团真正成为师生向往的地方！

参考文献

［1］中华人民共和国教育部.义务教育英语课程标准（2011年版）［M］.北京：北京师范大学出版社，2012.

［2］叶丽新.走出"假性"繁荣——浅论我国教学模式理念的模糊性及对策［J］.教育理论与实践，2003，23（2）：54-57.

教研成果篇

［3］刁维国.关于对教学模式研究的再认识［J］.教育探索，2008
（12）：27-29.

［4］Bruce Joyce，Marsha Weil著，荆建华等译.教学模式［M］.北京：中
国轻工业出版社，2002（1）.

［5］Hymes，D.H.. On Competence［M］. Oxford unirersity Press，1981.

［6］束定芳、庄智象.现代外语教学——理论、实践与方法［M］.上
海：上海外语教育出版社，1996.

［7］王才仁.英语教学交际论［M］.南宁：广西教育出版社，1996.

［8］Cook，Vivian. Second Language Learning and Language Teaching［M］.
Beijing：Foreign language Teaching and Reseanch，2000.

［9］Jeremy Harmer. How to Teach English［M］. Foreign language
Teaching and Research press，2000.

［10］Rebecca Hughes. 口语教学与研究［M］.北京：外语教学与研究
出版社，2005.

［11］李艳波.听说结合是交际英语教学的必然趋势［J］.有色金属高
教研究，1991（04）：29-31.

［12］武姝璇.衔接理论在英语听说教学中的应用［J］.沈阳师范大学
学报（社会科学版），2007（04）：183-184.

［13］李晓莉.“自主学习”教学理论在英语听说课中的运用［J］.武
汉交通职业学院学报，2005（04）：60-63.

［14］陈鸣芬，吴碧丹.基于网络教学环境下英语听说教学形成性评
价研究［J］.华南热带农业大学学报，2007（03）：105-110.

［15］束定芳，华维芬.中国外语教学理论研究（1949—2009）
［M］.上海：上海外语教育出版社，2009.

［16］张向华.初中英语听说教学的有效策略探讨［J］.好家长，2018
（08）：130.

［17］庄晓慧.浅谈中职英语听说教学的有效策略［J］.改革与开放，

2016（08）：95-96.

［18］武辉.初中英语教学中学生听说能力的培养［J］.青少年日记
（教育教学研究），2018（01）：128.

［19］黄梅红.英语配音在英语听说教学中的应用［J］.新课程
（中），2018（01）：91.

［20］高翔.初中英语听说教学与信息技术的整合［J］.西部素质教
育，2017，3（07）：187.

［21］王鹏涛.浅述初中英语听说教学中的问题及对策［J］.中华少
年，2017（03）：103-104.

［22］徐盛.基于任务型教学的初中英语听说课活动设计与实施效果
的实证研究［D］.南京：南京师范大学，2017.

［23］郭珊珊.任务型教学在高职行业英语听说教学中的应用研究［J］.
湖北函授大学学报，2016，29（05）：147-148.

［24］温哲.任务型教学在高中英语口语教学中的应用研究［D］.石
家庄：河北师范大学，2015.

［25］赵发忠.如何构建初中英语高效课堂［J］.新课程（中），2017
（03）：157.

［26］陈晓华.高中英语高效课堂的构建策略［J］.新课程（下），
2017（02）：162.

［27］张博.延吉市第十二中学语文"三究四学"教学模式实施现状
调查报告［D］.延边：延边大学，2015.

［28］罗悦.新课改"三究四学"模式在初中音乐教学的应用实践研
究［D］.武汉：华中师范大学，2016.

［29］张海晨.高效课堂导学案设计［M］.济南：山东文艺出版社，2010.

教研成果篇

教学实践篇

激发学生兴趣，培养学生能力

Unit 13 What colour is it？

一、课型

对话课。

二、教学重难点

What colour is it？   It's red/...

What colour are they?   They're red/...

Who＇s that boy？   Which boy？

The one in the red/... coat.

Colour it green/...

Useful expressions：

Which one? Colour it green/...

三、教学目标

创设真实语言情境，通过活动运用英语做事情，培养综合运用英语的能力。

提前准备：

（1）彩笔、调色板、水、杯子。

（2）彩旗。

（3）将学生分为三组。

第一组到文具店买文具；

第二组去服装店购买服装、鞋子；

第三组去植物园赏花。

1. 呈现引趣

（1）实物（比如：粉笔等）。

（2）配色。

（3）课件。

兴趣是最好的老师，当学生对学习产生兴趣，对学习课题产生兴奋和期待时，就会形成一种渴求掌握知识的内在需要和强大动力。从教学角度来讲，教师要想学生有学习英语的兴趣，唤起其学习的注意，设计呈现环节时更应以激发学生兴趣为出发点，以达到寓教于乐、启发思维之目的。

2. 歌曲/顺口溜激趣

（1）A SONG：

Who is wearing yellow today?

Who is wearing red today?

Who is wearing green today?

Who is wearing blue today?

（2）CHANT：

What colour is it?	What colour is it?
It's red.	It's a red kite.
What colour is it?	What colour is it?
It's yellow.	It's a yellow flower.
What colour is it?	What colour is it?

It's blue.   It's a blue car.

What colour is it?   What colour is it?

It's green.   It's a green apple.

3. 绘画生趣

要求学生画一幅画，并涂上自己喜欢的颜色，再用英语把自己的画讲述出来。可以画"我的教室"、"我的房间"、公园等自己熟悉的地方。

4. 活动促趣

活动建议：

（1）听音涂色。

（2）设计衣服。

（3）做猜的游戏（Guessing game）。

用下列句型：

Who is that boy?   Which boy?   The one in the red coat.

（4）分成三个小组。

第一组到文具店买文具；

第二组去服装店购买服装、鞋子，或自己用纸做各种颜色的衣服；

第三组去植物园赏花。

5. 评价增趣

（1）发彩旗，用"Good""Better""Best"评价三组。

（2）发彩纸，评"最佳创意奖""最佳绘画奖""最佳服装奖"等。

学习活动化　活动生活化

——《英语（新目标）Go For It》九年级上册Unit 8

I'll help clean up the city parks.
Section A Period 1教学设计

一、分析教材，明确教学方向

本课是《英语（新目标）Go For It》第8单元Section A的第一课。按照"学习活动化，活动生活化"的自主学习思想，本单元以学生参加志愿者活动为话题，引出向别人提供帮助的一些动词短语，如：clean up，give away，help sb. out，hand in，come up with，set up，cheer sb. up等。主要教学这些动词短语并围绕这些短语展开对话题的讨论。

本课的内容主要涉及如何成为一名志愿者以及应该做的事情，是教材第8单元的第一个组成部分，反映了教材的基本知识。根据学生的年龄特点和实际情况，在教学中，我采用以下环节。

1. 开门见山，直接导入

通过向学生提问："What do you usually do when you're free？""What

教学实践篇

things do you like to do？", 既引出了动词词组, 又通过询问学生平时喜欢做的事情, 进一步激发了学生的兴趣

2. 创设情境, 营造英语氛围

通过展示直观形象、栩栩如生的海报"志愿者活动", 容易激发学生热情, 叩开思维的门扉。教学中, 让学生在新情境中去学习, 提高了课堂教学的效率。

3. 合作互动, 完善交际

我通过创设情境, 进行师生、生师、生生以及小组对话等活动, 让学生进行生动的语言实践, 同时让学生在进一步理解所学语言材料的基础上创造性地运用语言"What would you like to do？ I'd like to. I need to/can..."。

4. 联系实际, 灵活运用

众所周知, 作为交际工具的语言, 如果仅仅依靠书本停留在脑海中的知识去提高语言能力是远远不够的, 更重要的是用在实际生活中。本课教学的中心是做志愿者, 因此我以做志愿者的各种活动, 帮助学生操练, 让学生有了一个交际的平台。同时通过让学生讲述自己做好事的生活体验, 以及做志愿者的成功乐趣, 使学生有了更为广阔的展示空间。

二、明确教学目标, 合理安排教学

1. 认知目标

（1）引导学生进一步操练、练习第一课中学习的功能性对话, 并且用于表达自己愿意做的志愿者工作。

（2）学习动词短语, 并进行操练与练习。

2. 能力目标

（1）引导学生能自由替换练习, 并进行小组活动；培养学生初步运用英语的能力。学生在真实情境中操练句型去感受, 去学习。

（2）理解活动指令, 并能做出反应, 且会初步说出指令；通过本节

课的教学，培养学生听、说、做的能力。

3. 情感目标

让学生在感受英语学习内容美、形式美的同时，树立乐观向上的学习态度，树立做志愿者真伟大（"Being a volunteer is great！"）的意识，乐于助人，甘愿奉献，同学之间相互合作。

三、确立教学重难点，统筹安排教学

（1）重要词汇。

clean up，hunger，homeless，cheer up，give out，volunteer，food，bank.

（2）目标语言。

I'd like to work outside.

You could give out food at a food bank.

四、选定教学方法，提高课堂效率

1）Teaching by giving sample sentences and making up sentences.

2）Teaching by showing pictures.

（1）语言功能：提供帮助。

（2）学习策略：Get students to be interested in volunteer work and do something really interested on.

（3）课前准备：海报"志愿者活动"和英语磁带。

（4）教学资源。

① A tape recorder.

② Some pictures on volunteer's offering help.

（5）教学时间：一节课。

五、设计教学过程，培养学生能力

Step 1：Lead in（Warm-up/Review）

（1）Revise the language points in Unit 7. Ask some questions like this：Where would you like to go on vacation？ （I'd like to/I'd love to/l hope to...）Why？ Let Ss answer：Because...

设计意图：结合本人的爱好，从实情实景中帮助学生导入本课话题。

（2）Revise the contents in Unit 7. Ask： "Who can say something about Singapore？ What things do you like there and what things don't you like about it？" Ask them to give the answers without looking at the books.

设计意图：一番热身运动之后，巩固旧知识，同时为后面的对话预热。

Step 2：Practice 1a

（1）This activity introduces the key vocabulary and provides some writing practice. Each phrasal verbs has two or three words，such as clean up，cheer up，give out. Let's look at an example on how to use clean up. Look at the title of Unit 8. I'll help clean up the city parks. Repeat，please.Then go on saying， "clean up means make a place clean and tidy，put things there in order". Let's see another example. We should always clean up our classroom. Ask one student to explain the sentence in their own words. Then let the class make more sentences with clean up.

设计意图：斯宾塞H.spencer主张， "应当引导儿童自己去探索，然后自己从中得到结论，要尽量少教，尽量让他们自己去发现。"因此，引导学生寻找规律，在英语教学中显得极其重要。教师说命令，学生说对应短语，速度由慢到快，富有挑战性。

（2）Ask several students to share their sentences to the class. Read the instructions to the students. Please look at the picture now. What can we see？We can see a bulletin board and two children in it. What is the bulletin board about? Help students to answer: Volunteer Today! Then continue saying, "Who can tell me the meaning of volunteer? " Ask one student to try to explain it. Then tell them the meaning of it. Volunteer means a person who offers to do something unpleasant or dangerous. It means a person who offers to help the others sometimes. Volunteer is used as a verb in this lesson. Draw the students' attention to the three posters on the board. We can see one sentence in each poster. And we can see some people in each poster, too. What are the volunteers doing in each poster? Please work in pairs and talk about the posters.

设计意图：充分利用海报图画，吸引学生操练句型，形式为集体练习或师生、生生交流。

（3）Give the students a few minutes to talk about what they will say. Let them talk about all the three items. Move around and help the pairs as needed.

设计意图：这样的活动安排在一定的语境中进行，不仅有助于培养学生用英语做事情和用英语进行交流的能力，而且能够有助于巩固本课句型。

（4）Then read the sentences in the posters to the class. Ask the pairs of students to explain what the sentence means in their own words. Or tell what the volunteers are doing in the posters. For example, for the first poster, a pair might say: It means there is trash in the park. There is much paper on the ground. We can help clean up the park by picking up papers and trash. We can make the park clean. After the students have finished all the items, ask the students to add some other ways they can help people. Get them to write the ways down in the box below the picture. At last, ask some students to share their ideas with the class. Write any new words or phrases on the board and explain these words to the class, if necessary.

设计意图：Task-based learning是新课标中倡导的。任务型教学以实现

教学实践篇

任务为目标，通过前面对知识的学习，进行1a的活动，使学生感受成功，培养良好的学习习惯，充分发挥主观能动性，引发和保持兴趣。

Step 3：Practice 1b

（1）This activity gives students practice in understanding the target language in spoken conversation. Call the students' attention to the two lists in the box in Activity 1b. Ask some students to read the eight sentences on the lists to the class. Explain any new words and phrases in it. Make sure that all the students can understand the meanings of the eight items. Then get the children to read the instructions together. Say, we will hear four conversations.

设计意图：由慢到快，由有序到无序，由师生交流到生生交流，层层推进，水到渠成。

（2）Your task is to match the items in the two lists. We can see the blanks in front of the first line of each conversation. Listen to the conversations and write the letter in front of the first line of each conversation. Put the letters of the second line of conversations in right places. Point out the sample answer to the class. Play the recording the first time. Tell the students to only listen. Then play the recording a second time. Tell them to write a letter in front of each numbered sentence this time. Check the answers.

设计意图：教师的任务就如道格拉斯·布朗所说的"guiding and facilitating leaning，enabling the learner to learn, setting the condition for learning"。教师不再是单纯的知识传授者，而是教学的设计者、学习的引导者，从某种程度上说还是交际的合作者。而学生也一改被动的学习地位，积极主动地参与到教学活动中去，成为知识的主动探究发现者。

Step 4：Oral Practice 1c

（1）This activity provides guided oral practice using the target language. Read the instructions with the class. Call their attention to the example in the speech bubbles in Activity 1a. Ask a pair of students to read this conversation to a class. Then let them practice in pairs.

设计意图：出示图片，利用图形的未知性，造成信息差（information gap），形成交流的必要性、真实性、可完成性。对学生进行思维能力、想象能力的训练，并培养学生的合作精神。

（2）After they've finished practicing the sample conversation，ask them to make up similar conversations based on the other two posters. Get two pairs to demonstrate two conversations first. They may say like this：

SA：I'd like to cheer up sick kids.

SB：You could visit sick children in the hospital.

SA：I'd like to help homeless people.

SB：You could give out food at a food bank.

设计意图：新课程突出了学生是教育主体的思想，教师自由变换练习，以满足不同学生的需要，真正达到因材施教的目的。

（3）Then let the whole class practice in pairs. After that，play the recording of activity 1b and let the children read after it twice. Then ask them to practice similar conversations using the information in Activity 1b.

设计意图：学生们完成了从输入到输出的过程。学生不仅能听懂指令，而且学会发指令，真正成了学习的主体。作为教师，我们应以学生的思维活动为中心，充分调动他们的主观能动性，从启动、互动、促动到自动，让学生真正"动"起来，全面挖掘学生创新潜能，培养其创新精神。

Step 5：Summary

Say，In this class，we've learned how to express offering help. And we've learned several phrasal verbs. At last，we did some oral practice using target language.

设计意图：新教材在学习方式上的改革之一就是合作学习，进行小组学习、小组检查，培养学生合作学习语言的能力。弥补班级大、学生多的缺陷。

Step 6：Homework

Make up one sentence with each of the following phrasal verbs：clean up，cheer up，give out.

六、板书设计

Unit 8 I'll help clean up the city parks.

Section A

The First Period

clean up   make a place clean and tidy；put things in order

cheer up   make someone feel happy

give out   hand out

七、及时进行教学反思，不断促进教学

1. 明确的教学目标，全面培养学生能力

认知目标为一个功能对话"What would you like to do？""I'd like to do... I need to..."。能力目标为让学生在学中用、用中学，培养其听、做、说、写的能力；情感目标是以人为本，实现师生零距离，以情育人，引导学生爱学、乐学、会学，培养学生乐于助人、勤于奉献和团结合作的精神。

2. 灵活有效的教学方法，激发学生学习积极性

根据初中学生的身心特点，本节课设计了"How to be a volunteer？"等有意义的任务，让学生"Learn by doing"。"Task-based Language Teaching Approach"使学生学有所得。"Task-based learning"是新课标中倡导的。本节课创设了以活动课为主的教学模式，做到了学习活动化、活动生活化。通过听、做、说、写的方式，鼓励学生积极参与，大胆表达，注重提高学生对语言的感受能力和初步运用英语进行听、做、说、写的能力。做志愿者是本课的主要内容。教师创设语言环境，从听到做，从做到说，从启动到互动，从互动到促动，从促动到自动，学生不经意地由输入

到输出，符合学生的生理、心理特点。

3. 有效合理的教学设计，促进全体学生主动发展

Warm-up与Review吸引学生吐故纳新；Introduction与Practice从简单地模仿到创造性地运用，符合学生认知规律，注重学生自主学习能力的培养；布置任务，让学生完成任务"Being a volunteer is great！"则是整堂课的高潮。

在整节课上，教师以兴趣吸引学生，培养学生积极的态度，使他们建立初步学习英语的自信心，为进一步学习打下坚实的基础；学生在活动中相互协作，体验参与，实践提高，体现了"Tell me，I forget.Show me，I remember.Involve me，I understand."的真正内涵；使全体学生全面、主动发展，将课程改革成功进行下去。

教学实践篇

采用读写结合　培养写作能力

——《英语（新目标）Go For It》七年级下册

Unit 6 I'm watching TV.
Section B 3a — Self check教学设计

一、全面整体设计，明确思路

英语课程标准对语言技能中的读、写等技能提出五个级别的不同目标要求。读写既是写的内容，也是学习的手段。语言技能目标不仅有利于调动学生的学习积极性，还能促进学生语言运用能力的提高。

本节课我采用了读写结合的办法，设计了PWP的写作活动，即 Pre-writing，While-writing and Post-writing。写作前，通过学生对话复习目标语言和现在进行时态，学生运用目标语言和现在进行时态；写作时，从对文章的整体理解入手，到对动词、现在分词的书写，再到用动词的现在分词写句子，最后到用现在分词写文章，既遵循了学生的写作习惯，又提升了学生的写作层次，培养了学生的写作能力。阅读中，指导学生重点理解文章细节，获取信息，如朱辉一家人正在做的事情、朱辉及其寄宿家庭正在做的事情等。最终实现学生学会运用现在进行时态来描述图片或照片的目标。还运用丰富的多媒体课件，创设生动活泼的教学语境，帮助学生学习和掌握词汇"living room"。

二、分析教学背景，充分准备

（一）教学内容分析

七年级下册第六单元谈论的话题是日常活动，其功能是谈论人们正在做的事情。本课时学生将运用现在进行时态描述图片或照片。本节课3a—3c是过程性写作训练板块，学生学会描述照片，运用现在进行时态进行笔头表达。3a是一个控制性写作练习，学生只需根据图片人物活动写出相应的动词短语即可，而3b是一个开放的写作任务，学生可以利用自己喜欢的照片或图片进行写作，既可以写成单句，也可以完成类似3a的语篇。Self check 1是增加现在分词的活动，然后用现在分词至少写出五个句子。Self check 2则是写问题完成对话。在本节课的学习中，学生通过各种活动，完成任务，掌握写作技巧，培养写作策略，实现语言由输入到输出，读写结合，学会语言运用并进行写作。

（二）学生情况分析

（1）七年级学生通过将近一年的英语学习，对英语单词和句型有了初步的理解，如本课出现的"play，homework，clean，talk和wash"等词都是在Units1—5学过的，但是本课需要学生能够根据自己的情况，学会运用现在进行时态与他人谈论正在发生的事情。在对话中学生可能在运用语言时还不能正确运用现在进行时态以及现在分词。

（2）经过近一年的语言学习后，学生的写作能力虽然有所提高，但还有待进一步加强，如分析文本的能力、如何运用现在进行时态描述照片或图片、如何评判好的作文等。

（三）教学目标分析

1. 视角

通过多种形式，学生能够运用现在进行时态描述照片或图片，同时学生在阅读文段的过程中，逐步提高写作能力。

（1）学生能拼写"play，do，clean，talk和wash"等词及其现在分词形式。

（2）学生能熟练运用目标语言和现在进行时态。

（3）学生能运用现在进行时态进行描述照片或图片的写作。

2. 描述

心理描述：学生能掌握"play，do，clean，talk和wash"等词及其现在分词形式和用法，能够运用现在进行时态描述照片或图片。

行为描述：学生能运用现在进行时态描述照片或图片，并且能运用现在进行时态进行描述照片或图片的写作。

3. 分割任务

小组竞赛（现在分词PK）、现场展示（photo show）。

4. 类型

本课学生将运用现在进行时态描述照片或图片，通过小组竞赛（现在分词PK）、现场展示（photo show）、PWP写作等活动，提高综合运用英语的能力。

5. 纬度

1）知识与能力。

（1）知识目标。

① 学生学习并掌握"play，do，clean，talk和wash"等词及其现在分词形式和用法；

② 学生熟练运用目标语言"What？""My favorite subject is—""Why do you like—？""I like— because it is—"。

（2）能力目标。

① 听：学生能根据场景听懂"What's he/she doing？""Is he/she doing his/her homework—？"，听后能做出相应的回答"He/She is—""Yes，he/she is. No，he/she isn't"；

②说：学生运用现在进行时态描述照片或图片；

③读：学生能读懂现在进行时态的有关短文，整体理解感知文本，学会仿写；

④写：学生能仿写课文，还能进行思维拓展，运用现在进行时态描述照片或图片并进行写作。

2）过程与方法。

（1）确立新理念，巧激趣，培养学生写作能力。

新课标倡导"以生为本"，在教学中树立"以生为本""面向全体学生"的教育教学理念，针对学生学习英语的基础和认知水平，结合学生的实际情况，做学生的良师益友，给学生充分表达的机会，让学生运用现在进行时态谈论照片或图片，相互交流心得体会，激发全体学生大胆开口说英语，使其树立学习英语的信心，激发其学习英语的兴趣。

（2）有效引导学生，促领悟，培养学生写作积极性。

结合学情，有效引导学生，发挥学生主体性，培养学生学习能力。学生在英语学习方面循序渐进，听说领先，读写结合，循序渐进，逐步学会写作。

（3）开展学法指导，重实践，进行有效的写作教学。

培养七年级学生良好的英语学习习惯和方法尤为重要，注重学法指导，培养写作策略，使学生逐步掌握写作方法，提高写作能力，鼓励学生多实践，动脑想，动口说，动手写，培养学生语言综合运用的能力。

3）情感、态度与价值观。

（1）通过多种训练方式，学生的团结合作意识将会得到加强。

（2）通过学习，学生学会与人交流，运用现在进行时态谈论图片或照片，加深同学之间的了解，增进同学之间的感情。

（3）通过同学间讨论，对子学习，小组合作讨论学习，增强合作意识，培养合作能力。

6. 模式

A—对象：七年级学生

B—行为：谈论、倾听、交流、阅读、写作

C—条件：口语、流畅地、写作

D—标准： The students will be able to talk about what people are doing orally by using target language and present progressive tense learned in this lesson freely.

7. 能够评价

通过进行学生自我评价、互相评价和小组合作评价，促进学生相互帮助、相互启发、相互促进、共同提高。

三、分析教学重难点，有的放矢

1. 教学重点

（1）目标语言。

对于"What's he/she doing? ""Is he/she doing his/her homework...? "，听后能做出相应的回答"He/She is..." "Yes，he/she is. No，he/she isn't"。

（2）学生能够运用现在进行时态描述照片或图片，并且进行写作。

2. 教学难点

学生在学习的过程中，逐步培养写作策略，提高英语写作能力。

四、设计教学过程，层层递进

Step 1：Preparation （3 minutes）

Greet the Ss warmly.

Teacher：Hello，boys and girls. A nice day ，isn't it?

Ss：Yes，it is.

Teacher：Nice to meet you. I'm glad to know all of you. Do you know this boy？ Who is he?

Ss：He is Zhu Hui.

Teacher：What's he doing?

Ss：He is living with his host family in New York.

Teacher：What time is it?

Ss：It's 9：00 am.

Teacher：What are his mum and aunt doing?

Ss：They're making zongzi.

Teacher：What are his dad and uncle doing?

Ss：They're watching the boat races on TV.

Teacher：Where is Zhu Hui?

Ss：He is living with his host family.

Teacher：What are Zhu Hui and his host family doing?

Ss：The mother is reading a story to her young children. The father is watching a soccer game on TV. Zhu Hui is talking on the phone to his cousin in Shen Zhen.

...

设计意图：教师以生为本，面向全体学生，与同学们热情交流，学生在与教师语言交流的过程中，复习了上节课的目标语言和现在进行时态，即运用目标语言回顾了朱辉一家、朱辉和其寄宿家庭一家正在做的事情，为后面的写作做了很好的铺垫。

Step 2：Practice（10 minutes）

（1）Write two short passages by using the present progressive tense and students read them and observe the features of these two passage.（2 minutes）

设计意图：将朱辉一家、朱辉和其寄宿家庭一家正在做的事情，以短文的形式呈现，学生对短文的结构有了整体感知，为后面的写作打下了基础。通过观察短文，找出动词的现在分词，突出写作重点，突破写作难点。

（2）Divide the Ss into two groups. Ss play a game and have a word competition . (2 minutes)

设计意图：将学生分成两个小组，由两组各出一位代表为对方小组出10个动词原形的题目，再由对方小组派代表写出其相应的现在分词（The present participle），比赛看哪一个小组写得又快又好，以此评出获胜小组。该活动旨在让学生进一步熟悉现在分词的书写及其变化规律，为写作做好准备。

（3）Now Ss work in groups of six and write at least five sentences using the words. Students show their sentences. (3 minutes)

设计意图：学生六人一组进行合作学习，讨论如何用这些单词至少造5个句子。学生在合作中运用现在进行时态交流探讨，你一言，我一语，学会运用语言，以小组为单位积极展示，为写作做好知识储备。

（4）Students write questions to complete the conversations. (3 minutes)

设计意图：此活动旨在引导学生学会运用不同句型进行提问。一方面学生学会提问，利于生生交流和师生交流；另一方面，有助于学生丰富语言结构，为写优秀的作文做准备。

Step 3：Practice （5 minutes）

（1）Look at the picture and ask questions.

Teacher：What is my friend Jim doing? Do you know? Let's look at the picture. Here is a picture of Jim's family. Can you ask some questions?

设计意图：将提问的权利交给学生，向教师发问，引出生词"living room"，激发学生好奇探秘的心理和知识内驱力。袁振国先生（2002）曾说，最好的教学是让学生带着问题进课堂，带着更多的问题出课堂。问题意识是创新型人才的必备素质。

（2）Complete Jim's letter.

设计意图："完成吉姆的一封信"这个活动是一半控制性的写作活动，学生们进一步明确现在进行时态的结构"be+v-ing"。

Step 4：Discuss（3 minutes）

Students discuss：How can we describe a picture?

（1）Introduction：Here is a photo/picture of...

（2）Paragraph：Main idea—the places they are now.

Supporting sentences（details：What are they doing？）—describe the activities by using the Present Progressive Tense.

Final sentence—I think...

设计意图：此处总结写作的结构，引导学生整体布局文章。引导学生总结写作的结构图，指导学生写作。

Step 5：Write（15 minutes）

（1）Students look at the picture and talk about it.

设计意图：这一环节在于引导学生在写作之前，先小组合作，进行看图讨论，做好写作的准备。

（2）Write your article by yourselves.

设计意图：学生们自己动手写作，亲身实践。

（3）Show your article.

设计意图：学生们相互分享自己的习作，取长补短，共享智慧。此处还给出以下评分标准，利于学生学会如何评价他人的作文，也指导自己今后怎样写作。

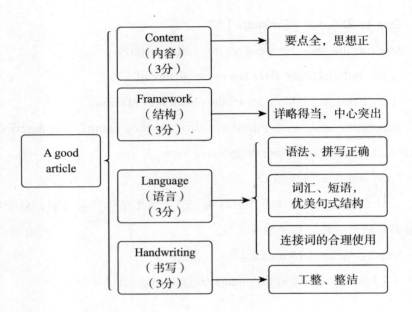

Step 6：Write（5 minutes）

（1）Students bring in some photos of their own，talk about them.

设计意图：程晓堂曾说，如果学生能够在相对完整、真实的情景中接触、体验、理解和学习语言，他们就能更好地理解语言的意义和用法，也能更好地掌握语言的形式。在照片展示活动中，学生们小组合作谈论自己和家人的照片，运用目标语言进行交流，培养语言综合运用的能力。倡导自主、合作、探究的学习方式，培养学生自主学习的能力，让学生合作探究。

（2）Homework.

Your family are all at home. Write a short passage about what you're doing by using what you've learned today.

设计意图：作业是课堂教学的有效延伸，在课程结束前，运用现代信息技术归纳总结所学知识，并合理布置作业检验学生学习的巩固程度，实现课堂教学的有效延伸。贴近学生生活进行写作，学生在熟悉并强化目标语言和现在进行时态的同时，关爱自己的家人，符合"East or west, home is the best. I love my family"的理念并逐步学会热爱家庭和家人。

五、板书设计

Unit 6 I'm watching TV.

Section B 3a — Self check2

living room　　　discuss：How can we describe a picture?

（1）Introduction：Here is a photo/picture of...

（2）Paragraph：Main idea—the places they are now.

Supporting sentences （details：What are they doing? ）—

describe the activities by using the Present Progressive Tense.

Final sentence—I think...

设计说明：板书设计清楚展现了本课的重点，学生一目了然，帮助学生归纳总结文章结构。

六、反思教学，调整教学策略

新课程的核心理念是"一切为了每一个学生的发展"。结合七年级学生的实际情况，确立以学生为本的教学思想，在运用语言完成任务的过程中帮助学生学习、体会和掌握语言，促进学生参与、体验、亲身实践、独立思考、合作探究。采用了读写结合的方式，利用上节课的阅读短文，回顾了目标语言及现在进行时态，开展了控制性写作活动—半控制性写作活动—开放式写作活动，步步推进，逐步培养学生的写作能力，使每一位学生都能有所收获并获得不同层次的发展。

教学实践篇

运用5P教学，培养听说能力

一、整体设计思路、指导依据说明

本课是《英语（新目标）Go For It》七年级下册第三单元，教材以"How do you get to school？"为中心话题，围绕着描述"到达地点的方式"展开，学习和运用一般现在时态的特殊疑问句"How do you get to school？"询问到达地点的方式，让学生学会谈论到校的方式。本课教学内容与学生的实际生活密切相关，容易引导学生运用简单的英语进行交流。在学习活动中，学生通过交换对自己到校的方式的看法，促进生生之间和师生之间的情感交流。Section A的主要学习内容是：学习一般现在时态的特殊疑问句"How do you get to school？"。本节课是听说课，教学过程按照热身、准备（Preparation）→呈现、感知（Presentation）→操练、体验（Practice）→运用、生成（Production）→巩固、提高（Progress）的顺序展开，结合学生的实际情况，创设与学生生活相关的生活情景，引导学生学会运用英语做事情，体现"用中学，学中用"的新课标精神。让学生在实现任务的同时，感受成功，形成积极的学习态度，促进英语语言实际运用能力的提高。

二、教学背景分析

1. 教学内容分析

七年级下册第三单元的话题关于到达地点的方式，学生学会运用

"How do you get to school? I... How long does it take? It takes... How far...? It's about...". 学生在闲谈聊天中, 增进人际交往, 增强生生、师生之间的情谊。

本节课的内容是Section A的第一课时, 属于基础内容, 对后期学习将起到铺垫作用。话题方面, 呈现谈论交通方式的表达法; 技能方面, 培养学生听说技能, 加强语言交际训练, 达到学以致用的真正目的。1a—1c部分从图片与单词搭配活动拓展到1c谈论图片1a的活动, 2b—2d部分从谈论2b对话活动延伸到2e角色的扮演, 将本单元的询问如何到达地点的活动等单元重点功能结构以两位学生上学途中谈话聊天的形式呈现, 与学生实际生活贴近, 颇具实用性。本节课, 学生在老师的引导下, 通过自主学习和合作学习, 培养听说技能, 为本单元接下来几个课时的学习打好基础。

2. 学生情况分析

我所教的学生通过上学期的学习, 掌握了一些语音、词汇、语法知识, 但听说读写的能力方面仍需要进一步加强, 综合语言运用能力也需要进一步增强。因此本节课设计有关学生到校方式的调查活动, 学生相互之间在闲聊中, 了解其他同学的到校方式, 增进彼此的了解, 增进友谊。通过观察, 我还发现所教学生的形象思维能力强, 但注意力容易分散。本课拟以故事、小品或动画等形式展示, 并配以丰富的色彩, 提高学生兴趣, 使学生集中注意力。如观看米奇与朋友旅行方式的视频, 竞猜单词, 听数字、说数字, 培养学生的听说能力, 突出对听说技能的训练。对竞赛中表现出色的学生及时表扬, 给予激励; 对"学困生", 及时给予帮助, 激发全体学生的知识内驱力。根据教育心理学, 如果学生对于一件事物有极大的兴趣, 他们就会排除主观和客观的种种消极因素, 尽量全身心地投入到知识的学习中去。

通过第一单元和第二单元的学习, 大多数同学已经学会运用一般现在时态谈论他们经常开展的活动, 为本节听说课的教学做好了语言功能、语法和文化知识等方面的储备。

三、教学目标

根据英语课程标准关于总目标的具体描述，结合第三单元的教材内容，我从语言知识、语言技能、学习策略、情感态度、文化意识五个方面将本节课的教学目标细化。

1. 语言知识

（1）单词：学习掌握词汇"train，bus，subway，take the subway，ride，bike，ride a bike，sixty，seventy，eighty，ninety，hundred，minute，far，kilometer，new，every，every day，by，by bike"等。

（2）功能：①描述到达地点的方式；②一般现在时的特殊疑问句。

（3）句型：A：How do you get to school?

B：I....

A：How long does it take?

B：It takes....

A：How far is it from...to...?

B：It's about....

2. 语言技能

（1）听：能听懂本课学习活动中的问题"How do you get to school? How long does it take? How far...? "，并做出适当回答"I.../It takes.../ It's about..."。

（2）说：能在本课的任务型活动如游戏、调查等活动中进行交流。

（3）读：能正确朗读本节课的目标语言；能查阅工具书为完成任务做准备。

（4）写：能写出本节课的目标语言，能运用简单的句子写出到达地点的方式。

3. 学习策略

抓住用英语交际的机会，在交际中把注意力集中在意思的表达上，必要时借助手势和表情。主动参与学习活动，善于和他人合作。

4. 情感态度

通过谈论到达地点的方式，在人际交往中学会尊重和理解别人，了解他人，增进情谊。

5. 文化意识

了解世界各国中小学生到校的方式，培养跨文化交际意识。

四、教学重点、难点

1. 教学重点

（1）复习词汇：Numbers1—30等；句型：I usually..., It is easy to..., Thanks for....

（2）学习词汇：train，bus，subway，take the subway，ride，bike，ride a bike，sixty，seventy，eighty，ninety，hundred，minute，far，kilometer，new，every，every day，by，by bike.

（3）学习句型：A：How do you get to school?

　　　　　　　B：I....

　　　　　　　A：How long does it take?

　　　　　　　B：It takes....

　　　　　　　A：How far is it from...to...?

　　　　　　　B：It's about....

2. 教学难点

学生运用目标语言，谈论到达地点的方式。

五、教学过程设计

Step 1：Preparation（充分准备，做好铺垫）

和学生交流对话："Hello，×× How are you? What time do you get to school？"学生问老师："What time do you get to school？"教师："I get to school at seven today. I get to school earlier. Do you know why？"

学生们纷纷猜测。在电脑上出现公交车的画面，教师："Because I get to school by bus today. I usually get to school by bike." 在交流中，自然呈现本课生词"bus，bike，ride a bike"。

设计意图：与学生拉家常似的谈话，既复习了上节课所学内容，又营造了轻松和谐的氛围。这为本节课目标语言的学习做好了铺垫。陶行知先生曾说，"教师教的法子必须根据学生学的法子"。因此，在教学中，我们应做到充分了解学生，根据学生的情况改进教学，进而帮助学生学会学习。

Step 2：Presentation（自然呈现，激发兴趣）

"We get to school on foot/by bus/by bike/... every day. How about students in the world？" 呈现本课生词"subway，take the subway，train，take the train，every day"。

设计意图：湖北省继教中心主任王金涛曾说，"老师是学生通向世界的桥，老师的眼光有多远，学生的眼光就有多远。"此处设计的目的在于让学生了解世界各地学生到校的方式，培养其跨文化交际意识，开阔眼界。播放一段米奇和其朋友如何到校的视频，进一步帮助学生巩固所学交通方式的表述，激发学生学习英语的兴趣，集中学生的注意力。

Step 3：Practice and Production（层层操练，巩固运用）

（1）展现一组学生到校的画面，学生两人一组运用目标语言进行对话交流。

设计意图：学生通过对话交流对所学习的目标语言，及时消化吸收，达到巩固运用的目的。

（2）Open the books and match the words with the pictures.

① take the train   _____

② take the bus   _____

③ take the subway   _____

④ ride a bike   _____

⑤ walk   _____

（3）Listen and write the numbers next to the correct students in the picture.

① Bob   ③ John   ⑤ Yang Lan

② Mary   ④ Paul   ⑥ Jim

（4）Look at the picture in 1a and make conversations with their partners.

A：How does Mary get to school?

B：She takes the subway.

A：....

B：....

设计意图：此环节层层递进，设计的目的在于让学生在听、说、读的过程中，巩固所学的目标语言，达到熟练运用的目的。《英语（新目标）Go For It》教材的语言教育理念是：知识用于行动强调"语言应用"，培养"创新、实践能力"，发展"学习策略"。采用任务型语言教学（Task-based Language Teaching）模式。此处设计与本课话题有关的任务，让学生在完成任务的过程中，使用英语获取信息，用英语进行交流，培养运用英语解决实际问题的能力。

Step 4：Practice（有效操练，培养能力）

老师问"We've just known how you get to school. How about two foreign friends？"，示意学生提问"How do they get to school？"。学生带着问题听，学会带着问题思考，抓住要点，培养听的能力。

（1）Listen and repeat. Then write the correct number next to the word.

sixty-one _____	ninety-nine _____
seventy-two _____	one hundred and four _____
eighty-four _____	two hundred

（2）Listen and complete the chart.

	How?	How long? （minutes）	How far? （kilometers）
Tom			
Jane			

（3）Suppose you're Tom and Jane. Use the information in 2b to make conversations.

A：How do you get to school?

B：I....

A：How long does it take?

B：It takes....

A：How far is it from...to...?

B：It's about....

设计意图：这三个环节环环相扣，从听逐渐过渡到说，体现了听说课教学的特点，实现了从语言输入逐步到语言输出的过程，学生逐步习得目标语言，加以深化，最终学会运用目标语言。英语新课程标准指出，语言知识的学习要以语言运用为目的，教学不能为了教知识而教知识，而要把知识的学习实践活动以及语言的实际运用和所在的情景紧密结合起来。即学习英语的最终目的在于运用，新课程标准的修订稿仍然以描述学生"用英语做事"为主线，强调培养学生综合语言运用能力，在做事情的过程中发展语言能力、思维能力以及交流与合作的能力。因此，此处设计目的在于检验学生是否能够熟练运用目标语言，达到学以致用。

Step 5：Production（创设语境，综合运用）

（1）假设你和同伴是Lisa 和 Jane，你们在上学路上相遇了，请运用目标语言进行对话交流。

（2）学校将对全校学生的到校方式进行调查了解，请同学们四人一组，一名同学扮演校报记者，对其他同学进行调查，调查结束时报告所调查的结果（见表1）。

表1　报告调查结果表

Name	How?	How long?（minutes）	How far?（kilometers）
××			
××			
××			
××			
××			
××			

设计意图：新目标英语中的目标语言是通过完成各种各样的任务来实现的；学生需要用具体而特定的行动来完成一定的交际任务。整个教学过程中，各种语言结构和语言功能与不同的学习任务有机地结合。此处的调查任务活动侧重在执行任务中学生自我完成任务的能力和策略的培养；重视学生在完成任务过程中的参与和在交流活动中所获得的经验。因此此处调查的设计旨在引导学生通过完成具体的任务活动来学习目标语言，学生为了特定的学习目的去实施特定的语言行动，通过完成特定的交际任务来获得和积累相应的学习经验，学生实现用中学，在学中用（Learning by using, learning for using），用目标语言谈论到校方式。

Step 6：Progress（巩固知识，强化运用）

请同学们运用目标语言将上述调查情况写成一个英语对话。

设计意图：苏霍姆林斯基曾说："让学生始终带着一种高涨的、激动的情绪从事学习和思考，在学习中意识和感觉到自己的智慧和力量，体验到创造的快乐……"学生将所谈论的内容及时书写记录下来，逐步养成书写的习惯，培养写的能力。

通过本课的学习，引导学生总结归纳中国学生上学的方式以及全世界各国学生上学的方式，说出它们的相同点与不同点，并问学生为什么我们不能坐地铁上学，学生回答"我们这儿没有地铁"。教师告诉学生，"It doesn't matter. I'm sure whether there will be subways in our city or not will depend on all of you. So what will you do? Are you sure? I'm sure you'll make it and have a bright future. Try your best from now on."

六、教学评价设计

1.评价内容（课堂学生学习活动）（见表2）

表2　评价内容

评价内容	Excellent	Good	Just so-so
我认真倾听			
我愿意表达			
我善于合作			
我勤于思考			
我主动参与			
我乐于展示			

Excellent：★★★　　　Good：★★　　　Just so-so：★

2.评价方法

采用自评、互评、小组评、师评等多种方式。通过自评，体现学生主体地位，让学生对自己的英语学习有清醒的认识，对自己今后的学习进行适当的调整，学会学习，激发知识内驱力。而通过其他方式进行评价，则是在生生交流、师生交流中，增进彼此的了解，便于学生自我调整、不断提高。我认为我们评价的重点放在学生层面，便于教师学生以及学生了解自己的真实情况，教师也可以借此调整教学策略，切实做到"以生为本"，面向全体学生，培养学生语言综合运用能力。

七、板书设计

Unit 3 How do you get to school?

Section A 1a—2e

A：How do you get to school?　　　　　competition

B：I....　　　　　　　　　Group 1　Group 2　Group 3　Group 4

A：How long does it take?　　★　　　★　　　★　　　★

B：It takes....

A：How far is it from...to...?

B：It's about....

train，bus，subway，take the subway，ride，bike，ride a bike，by，by bike.

sixty，seventy，eighty，ninety，hundred.

minute，far，kilometer，new.

every，every day.

设计意图：黑板板书旨在让学生对本节课的重难点了然于心，学会总结归纳本课的重难点，提高能力。

预期达到的效果：我对本节课的教学设计，力求遵循教育规律，结合学生实情，采用"5P"教学模式，精心设计教学，实现以学生为主体，把课堂还给学生，学生主动参与活动、合作探究、积极思考、体验目标语言的运用，进而乐学、愿学、会学。在教学设计的过程中，我进一步领悟到教学的真正目的：做智慧教师，引导学生悟英语乐学之道。

教学实践篇

新课程改革背景下初中英语教师专业素质自我提高的方法与途径

有一个年轻的牛仔想把一只小牛赶进牛棚里喂食，可是这只小牛不愿意进去。年轻牛仔用力抓住牛角，想把牛拉进牛棚，可是拉不动。牛仔的爸爸看到了，也出来帮忙，一个在前面拉，一个在后面推。可是这只小牛发了牛劲，死不从命，无论两人怎么费劲，小牛就是不肯进去。这时他们家的保姆出来，轻轻地吹了一声口哨，然后把大拇指塞进了小牛的嘴里，小牛含着保姆的大拇指，乖乖地跟着她进了牛棚。

从这个故事看，牛仔与他的父亲赶牛的失败不在于牵引的力量，而在于驾驭牛的方法。从这个角度审视，这个故事给了我们这样的启示：原来让我们老师吃力和痛苦的力量不是来自学生，而是来自我们育人的方式。

"Language is a skill." 《朗文当代英语辞典》写道：An ability to do something well, especially because you have learned and practised it. Learn + Practice. Every person has two education, one which he receives from others, and one, more important, which he gives himself. The object of education is to prepare the young to educate themselves throughout their lives. （教育的目的在于让青年人毕生进行自我教育）

一、外语教师的专业发展

1. 教师专业化内涵

（1）教师专业既包括学科专业性，也包括教育专业性，对任职教师的学历、教育知识、教学能力和职业道德均有要求。

（2）国家有教师教育的专门机构、专门的教育内容和措施，其核心是教师专业化，基本理念是全面提升教师的职业地位与素养。

（3）国家有对教师资格和教师教育机构的认定和管理制度，具有不可替代性、专业性、规范性和发展性。

（4）教师专业发展是教师内在专业结构持续不断更新、演进和丰富的过程，教师专业化也是一个发展的概念，既是一种状态，又是不断深化的过程。

2. 教师专业化和教师专业发展

广义而言，两个概念相通，指加强教师专业化的过程。

当对照使用时，它们在两个维度上又有区别：教师专业化主要强调教师群体的、外在的专业性提升；教师专业发展则强调教师个体的、内在的专业性的提高。

Teacher development is a term used in the literature to describe a process of continual intellectual，experiential，and attitudinal growth of teachers.

所谓教师的专业化发展就是教师自己为追求更好的教学效果，成为更好的教师而所做的努力。这种追求需要教师自己理性的思考。

Reasons for pursuing professional development：

To acquire new knowledge and skills；

To keep up with changes which have a profound impact on teaching；

To make a teacher more competitive；

To lead to both empowerment and inspiration；

To help a teacher combat negativity in the teaching contexts....

教学实践篇

二、外语教师专业素质

1. 素质框架及内涵

（1）职业观和职业道德。

①热爱外语教师职业，肩负"教书育人"的双重使命感；②敬业、认真、责任心强；③真心喜欢学生，关心、爱护、尊重学生。

（2）外语教学观。

①视学生为教学主体，重视对学生能力和学习方法的培养；②视外语为符号体系和承载目的语文化的载体，视外语学习为知识建构和学习者人格化的过程；③外语教学折射出教师对课程、目的语、学生、外语学习规律、学习环境、课堂管理之间辩证关系的把握。

（3）外语学科教学能力。

融汇学科和教学两类知识（含技能）。学科知识是充分尊重和适合教学特点及规律的学科知识；教学知识是充分尊重和适合学科知识体系特点的教学知识。

外语学科教学能力的内涵：①具备熟练的外语口、笔语运用能力，扎实的目的语语言及其运用知识，宽广的知识面；②善于营造能够激发学习兴趣、使气氛活跃与和谐的课堂学习环境；③了解学生需求并善于根据学生需求及时调整教学；④有明确的教学目标并善于根据目标组织教学活动；⑤善于挖掘教学内容的人文内涵；⑥善于以准确、流利为目标组织语言基本功训练。

（4）教师发展观。

①对知识不断追求、对教学不断反思的自我专业发展意识；②理论学习和探索性实践促进专业发展；③热爱教师职业是教师学习和发展的动力源泉。

2. 教师专业发展因素

（1）内因。

①热爱教师职业；②对知识的不断追求；③自身因素。

（2）外因。

①良好的工作环境；②前辈典范或家庭影响；③进修；④国家整体社会环境。

三、英语教师的素质

1. 心理素质

情感、意志和性格的总体反映。

2. 语言素质

系统的语言知识和良好的语言技能。

3. 文化素质

英语国家的文化背景知识和中国文化的全面了解。

4. 理论素质

系统工程，对相关学科知识的学习。

5. 教师教材的使用能力

（1）对教材内容的补充与删减。

（2）替换教学内容和活动。

（3）扩展教学内容和活动步骤。

（4）调整教学步骤。

（5）调整教学方法。

（6）总结教材使用情况。

6. 教学实践素质

教师的实践能力：传授和培养英语知识技能，教学组织能力和综合教学技能。

7. 教育技术素质

掌握现代化教学技术。

8. 科研素质

略。

四、英语教师应具备的能力

1. 扎实的专业知识和专业技能

具备英语语音、词义、语义、语用方面的知识;具备较高的英语听说读写的技能。

2. 教学组织能力和教学实施能力

①具备心理学尤其是教育学和教学法方面的知识;②熟悉教学组织的步骤和基本的教学原则;③掌握基本的教学技能(如提问技能、课堂管理技能、教学设计技能等);④具备运用传统的和现代化的教学辅助工具和手段进行教学的能力。

3. 良好的品格修养和性格

①具备人性的美德,成为学生学习和模仿的榜样,言传身教,潜移默化地影响学生;②具备谦虚、好学、慷慨大方、幽默、耐心、宽容等优良的、令人愉快的品质;③学生会将对教师的尊敬和喜爱转化为对该教师所教学科的喜爱。

4. 交际技能与语言素养

①以培养有效的交流沟通能力为教学基础,在语言上达到高水平;②能够有效地运用目标语作为教学媒介;③教师的语言素养在一定意义上就是教师基本素质的缩影,它与教师的语言能力有关,也与教师本人的心理学、教育学以及专业知识紧密相关。

5. 现代语言知识和教学思维能力

①对语言和语言交际能力的本质、特点和规律有系统的了解,并能自觉地利用语言学方面的知识指导英语教学实践;②能够把语言理论教学与

实际情境的语言教学联系起来；③能够分析教学问题，并提出可选的教学策略。

6. 英语教学法知识

了解多种教学法流派（教学法是在一定的语言学和心理学理论背景下产生的，不同的教学法各有特殊的教学目标和教学环境），了解它们的来龙去脉和优劣之处，取长补短，充实自身的外语教学实践知识和教学技能。

五、新课程改革为教师提供了充分发挥创造力的空间

①提出了更高的要求；②需要英语教师提高专业素养；③新课程改革的过程是教师不断成长、实现教师专业发展的过程。

1. 英语新课程的性质与目标

（1）性质。

①工具性；②人文性；③社会性。

（2）目标。

①创新精神和实践能力；②用英语获取信息、处理信息、分析与解决问题的能力；③用英语进行思维和表达的能力；④形成跨文化交际的意识和基本的跨文化交际能力；⑤拓宽国际视野，增强爱国主义精神和民族使命感，形成健全的情感、态度、价值观，为未来发展和终身学习奠定良好的基础。

英语学科新课程目标结构如图1所示。

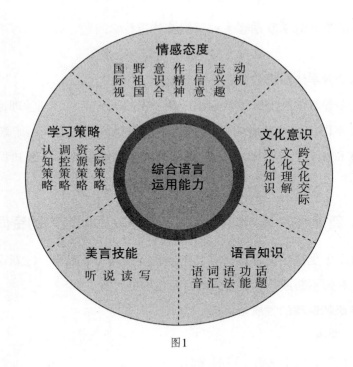

图1

通过积极尝试、自我探究、自我发现和主动实践等学习方式，在语言技能、语言知识、情感态度、学习策略和文化意识等素养整合发展的基础上，培养学生的综合语言运用能力。

2. 英语新课程标准的新理念

（1）重视共同基础，构建发展平台。

（2）提供多种选择，适应个性需求。

（3）优化学习方式，提高自主学习能力。

（4）关注学生情感，提高人文素养。

（5）完善评价体系，促进学生不断发展。

建立在新大纲基本理念之上的新教学理念：①以人为本；②转变教师角色；③英语是工具，又是思维方式；④变"要学生学"为"学生要学"；⑤更新观念，使用现代化手段教学。

3. 英语新课程新的教学法

（1）整体语言教学法（Whole Language Approach）。

（2）任务型教学法（The Task-based Language Approach）。

（3）内容型教学法（Content-based Instruction）。

（4）能力型教学法（Competence-based Approach）。

（5）词汇教学法（Vocabulary-based Approach）。

（6）参与型教学法（Participatory Approach）。

（7）多元智能教学法（Multi-intelligences Approach）。

4. 新课程视野下英语教学的变革

（1）教学观念。

从侧重语言形式与技能转向语言内容、意义与功能。

（2）教学目标。

从单一的英语知识教育转向学生全面发展教育。

（3）教学模式。

从以教师"教"为中心转向以学生"学"为中心。

（4）评价体系。

从单一的终结性评价转向评价形式的多样化。

5. 新课程对英语教师提出的新要求

（1）英语教师面临的困难和问题。

Teaching ideas and methods are out of date；

Inappropriate textbooks；

Wrong expectation from the public；

Lack of interest on the part of the learners；

Lack of language environment；

Teaching for the purpose of testing；

Teachers' lack of training；

Too many students in one class；

Students high scores vs. low abilities;

One's own language proficiency as an important source of confidence;

Over-loaded work and responsibilities;

Lack of support and encouragement from the school principals and colleagues;

Lack of professional training on theories and practice of education and on ELT....

综上所述，英语教师专业发展的影响因素：①繁重的教学任务；②教学环境的限制；③应试教学的影响；④培训制度的缺乏；⑤教师自身素质局限。

（2）新要求。

①面向学生，为学生的终身发展奠定基础；②注重学生情感，营造宽松、民主、和谐的教学氛围；③以学生为中心，全心全意为学生服务；④加强学习策略指导，培养学生自主学习能力；⑤提高学生自我分析问题、解决问题的能力；⑥突破传统的教学模式，探索全新的特色教学；⑦利用现代化教学技术，拓展学习和运用英语的渠道；⑧不断提高专业化水平，提高教师的自身素质。

（3）新品质。

①学会挑战；②学会学习；③学会包容；④学会等待；⑤学会创新；⑥学会倾听；⑦学会反思。

（4）英语教师应做出改变（English teachers are expected to change.）

① To change their views about language;

② To change their traditional role of a knowledge transmitter to a multi-role educator;

③ To teach not only knowledge and skills, but also caring for students' affective needs, developing their learning strategies, widening up their cultural horizons, establishing international perspectives through the process of learning；

④ To use more task-based activities and put the students in the centre of learning；

⑤ To use more formative assessment in addition to using tests；

⑥ To use modern technology in teaching，creating more effective resources for learning and for using the language；

⑦ To have an open mind towards different kinds of ideas about and approaches to teaching；

⑧ To be willing to try out new ideas and find out if they work or not；

⑨ To find opportunities to attend training，seminars on language teaching and observations of teaching；

⑩ To use the resources available to help you with teaching and self-learning（books & internet）；

⑪ Reflect on your own teaching and beliefs about teaching.

（5）教师的内在专业结构。

①专业信念；②专业知识；③专业能力；④专业自觉；⑤专业自主。

六、英语教师实现专业发展的途径

1. 立足自我，不断反思

（1）自我意识与自我观察（Self-awareness and Self-observation）。

Freeman：Awareness is the capacity to recognize and monitor the attention one is giving or has given to something. Thus，one acts on or responds to the aspects of a situation of which one is aware.

增强自我意识的一个途径就是观察自己的所有教学活动：对自己的教学活动具有职业性的好奇心（professional curiosity）。

（2）反思性教学（Reflective Teaching）。

Cruickshank and Applegate：

教学实践篇

Reflective teaching is "the teacher's thinking about what happens in classroom lessons, and thinking about alternative means of achieving goals or aims".

Richards and Lockhart's definition:

In reflective teaching, "teachers and student teachers collect data about teaching, examine their attitudes, beliefs, assumptions, and teaching practices, and use the information obtained as a basis for critical reflection about teaching."

科学的自我反思：①教学前反思；②教学中反思；③教学后反思。

（3）教学日志（Teaching Journals）。

Ho and Rechards：

Journal writing is viewed as an opportunity for teachers to use the process of writing to describe and explore their own teaching practices.

The purpose of keeping journals is to develop teachers' professional competence.

（4）教学档案夹（Teaching Portfolios）。

What can be included in a teaching portfolio?

Three main thematic categories: documents related to actual teaching duties; to professional development; and to the administrative responsibilities.

Five sorts of contents: educational philosophy; professional development; curriculum and instruction; student growth and contributions to school and community.

2. 合作发展，相互促进

（1）同伴观摩（Peer Observation）。

（2）教辅教导（Mentoring and Coaching）。

（3）合作教学（Team Teaching）。

3. 个人或集体可共享的发展方式

（1）行动研究（Action Research）。

（2）个案研究（Case Study）。

（3）教学录像（Video）。

4. 在职培训（In-Service Training）

（1）短期课程。

（2）教学研讨会议。

（3）教学论坛。

七、英语教师自我发展的建议

（1）自觉反思，做反思型实践者。

（2）科学整合，做教材的主人。

（3）构建学习共同体，与学生共同成长。

（4）开阔胸襟，与同行共同进步。

（5）教学研究，促进自身专业发展。

老师们，我们需要的是一种什么样的教育？就是有着快乐心态的老师，引领着学生走向快乐幸福的终点的教育。希望每一位老师能够在今后的工作中创造出快乐、和谐的教育来，让每一个学生真正在他们的学生时代，感受到人生最大的幸福！

教学实践篇

教学感悟篇

加强教学反思，不断推进新课改

——"反思我的新课堂"活动情况总结

自2011年9月份以来，襄樊市第三十二中学英语教研组在校领导的关心和支持下，进行了一个多月的互听、互评活动以及"反思我的新课堂"活动。

这次活动得到了全校英语教师的大力支持和配合，教师们精心准备、认真讲课、积极评课，每位教师就此次活动都有感而发，写出了质量较高的教学反思论文。这次英语新课程授课活动，以及"反思我的新课堂"活动总结如下。

一、认识课堂教学反思的必要性，发动教师认真开展教学反思

课堂教学反思，就是教师以自己的教学活动过程为思考对象，对自己教学过程的行为、措施、方式、方法、决策以及结果进行全面审视和分析，检讨得失、权衡利弊、系统总结，以期新一轮教学取得更大进步。教学反思不是一般意义上的回顾或总结，而是思考、反省、探索和解决教育教学过程中存在的问题。它具有研究的性质。美国教育家杜威曾说：反思是"根据情境和推论对自己的信息或知识结构进行的积极的、持久的、周密的思考"，是一个能动的、审慎的认知加工过程，是对个体观念行为的

再加工过程。只有经常对自己的目标、行为和成就进行质疑，并就教学对学生产生的影响进行思考和不断地反思，才能提高自身业务，改进教学实践，优化教学方式。教师让学生充分认识学习英语的重要性，充分认识社会生活的信息化和经济的全球化使英语的重要性日益突出，英语作为重要的信息载体之一，已成为人类生活各个领域中使用最广泛的语言。教师要激励学生树立远大的理想，根据学生的不同特点，鼓励学生在学习过程中发展创新思维的能力。因此，教学反思是提升教师自身素质、推进教师专业发展的重要途径。

二、创设浓厚的英语氛围，为学生提供民主、安全、幽默、开放的学习环境

教师在英语课堂上，要尽量使用英语为学生创设一种浓厚的英语氛围，为学生提供民主、安全、幽默、开放的学习环境。例如，充分利用室内的实物、图片、图表、简笔画、电教等辅助手段，让学生明确所要学的单词、短语、句子、篇章，在头脑中建立最直接的联系。为了更好地激发学生的学习兴趣，建立轻松愉快的竞争性教学氛围是非常重要的。再如，在《英语（新目标）Go For It》七年级教学现在进行时态时，用很多富有趣味的图片，那上面一个个正在进行着的动作，充分表现了现在进行时的特点，同时还用富有动感的GIF动画，让学生更加亲身感受到现在进行时的用法。最后利用与学生实际生活相关的三段录像，让学生自己练习说英语、对话、写文章。这样的课件，充分调动了学生的眼、耳、口等器官，发展了他们五官的协同能力，让学生们先看，再说，或再听，同时也遵循了学生的认知特点，符合心理学规律。由此，课堂效果明显提高了，从课后的反馈练习也可以看出来，学生的确学得不错。在这样的课堂中，学生还有什么理由不想学英语呢？

三、运用启发式教学，调动学生学习英语的自觉性，发展兴趣，激活创新学习

教学中的启发原则，要求教师充分调动学生学习的自觉性，引导学生开展生动活泼的学习，使学生通过独立思考，在知识掌握上能整合贯通，提高分析问题和解决问题的能力。教师都有这样的体会：课堂越活跃，学生的思维也越活跃；教师的语言越有思考价值，学生思维想象创造的频率也就越高。因此，设计丰富多彩的教学活动，给学生更多的活动和思考的机会，启发学生的创造性思维，引导学生主动地学习，会对学生的学习产生强大的动力。

四、培养学生的记忆力，提高记忆效率

在日常教学中，教师应注重培养学生的记忆力。抓住中学生记忆力发展的黄金时期，通过各种方式增强学生的记忆力，对于创新学习有极大的意义。例如，在引导学生记忆单词时，把同义词、反义词、同音词、对应词等进行归纳、对比，有助于提高记忆效率；在学习比较级、最高级的表达时，可引导学生学习多种表达方法，进行联想、对比记忆。

五、培养学生质疑的能力，提供尽可能多的独立思维的天地

英语教学中，教师应该根据教材的语言材料，在无疑之处巧妙设疑、激疑，揭示问题背景，引导学生发现问题的实质，为学生创造发现和创新的环境和机会。同时，培养学生总结、归纳和对比的能力。在英语课堂教学中，教师不断列举异彩纷呈的语言现象，给学生提供尽可能多的独立思维的天地。

六、培养学生自己解决问题的能力，有助于发展学生的创造性思维

在学习实践过程中，学生会遇到种种疑难，教师要引导他们去思考，激发他们解决问题的欲望，善于点拨、启发、引导学生一步一步寻求答案，或者提供一些资料线索，让学生自己查找，寻求答案。但适当地讲解也是很有必要的，不过，讲解要有针对性，要有助于培养学生综合分析、解决问题的能力，要有助于发展学生的创造性思维、培养学生自主学习的能力。培养学生独立学习的能力应该是教育的终极目标。让学生自己理解教育目的和教学方法，自己确立自己的学习目标，选择自己的学习策略，评价自己的学习结果。通过多方面培养学生的能力，大大提高学习效果。

作为教师，我们将从以下几个方面加强自身学习，提高业务素质。

1. 学习理论知识，科学指导教学实践，改革教育行为

即从专业书籍，杂志，网上学习资源和研究专家、学者们的有关理论和观点入手，努力将他人的理论内化为自己的思想，科学地指导自己的教育教学实践，改革教育教学行为。

2. 走出去向他人学习，使自己的教育教学更合理、更科学、更有效

其形式有参加集体备课、学科组（包括校内和校外）教师之间的相互观摩课、优质课、专题讲座、学术研讨交流会、短期培训班，撰写教学论文等。这些都是很不错的学习和反思的机会。"他山之石可以攻玉"，以他人成功的经验、课例或教学案例来对照和检查自己的教育思想和教学行为，吸收他人的成功经验，避免重犯他人的教学失误或重复他人的不当之处。在观察、对比、反思、修正的过程中使自己的教育教学更合理、更科学、更有效。

3. 在教育教学评价的反馈中进行反思，使自己在不断反思中提升自我、发展自我

俗话说："不识庐山真面目，只缘身在此山中。"教师有时往往看不

教学感悟篇

到自己的不足，但是会得到来自各方面的评价，如学校评价、家长评价、同事评价和学生评价等。无论哪种评价，都是对我们教育教学工作的一种反馈。如果我们能正确地对待各种评价，将其看作是准确了解自己优势、不足和进步的大好机会，就会有利于我们在教育教学的"坐标系"中找到自己的位置。认识和分析自己进步和不足的原因，增强自信，重新制订发展目标，促使自己在不断的反思中提升自我、发展自我，并将其转化为促进学生、学校和教师自己共同发展的动力。

总之，教学反思会促使教师形成自我反思的意识和自我监控的能力，它是老师的专业发展和认清自我行为与观念的重要机制。我国新一轮基础教育课程改革已全面实施。因此，我们需要与时俱进，挑战旧的教学方法，建立新的教学理念，不断"反思我的新课堂"，努力做一名经验+反思型的新型教师。只有提高教师的自身素质，新课程的改革才有望顺利地开展，并结出丰硕的成果。

初中英语教师互听、互评活动情况总结

自2001年9月份以来，襄樊市第三十二中学英语教研组在校领导的关心和支持下，进行了一个多月的互听、互评活动。

这次活动共分为两个阶段：首先，以备课组为单位，进行了第一轮的讲课、评课比赛，选出了各组具有实力的教师，参加校级比赛；其次，组织这些选手参加了第二轮的讲课、评课比赛，由教研组长和各年级备课组长担任评委，采用打分的办法，选出7名选手，参加了在十七中举行的区里的比赛。这次活动得到了全校英语教师的大力支持和配合，老师们精心准备、认真讲课、积极评课，每位教师就此次活动都有感而发，写出了质量较高的评课稿。总的来说，这次英语新课程授课活动具备以下几个特点。

一、愉快教学，活跃气氛

教学有方，但无定方，有模式而不唯模式，才是改进教学的要领。尝试愉快教学是开启成功大门的钥匙。有位著名语言学家曾说："尽力在语言的药丸上涂上欢乐和果酱。"因为成功的教学需要的不是强制，而是活跃气氛，激发求知欲。

轻松愉快的教学气氛能使学生以愉快的心境学习、思考，并获得知识，有利于调动学生的学习积极性，激发他们的学习热情。在这次活动中，教师们从以下几个方面进行了大胆的尝试。

1. 课前一首歌

人们常说，歌词是诗的语言，言简意赅，节奏明快，铿锵有力。让学生在唱歌的同时体会歌词的简练，进而学习语音、词汇、句型、语法、历史文化，锻炼语言交际能力，培养语感。

2. 值日生报告

课前的一句"Who's on duty today？"开启了本课的复习程序。通过师生问答，学生既复习了所学知识，又培养了口语交际能力。

3. 引入竞争机制

竞赛能够充分利用中学生争强好胜的特点，为教学服务。因为竞赛能够激发学生的学习热情，增强其克服困难的勇气和参与意识，使学生在紧张而又活跃的气氛中学得轻松、学得愉快，并逐步实现间接兴趣向直接兴趣转化。在这次授课中，有的教师采用口语比赛，有的采用绘画比赛，有的采用英语表演赛。奖励的方式也各有不同：有的给红旗，有的记分，有的则用"good""better""best"来评价小组竞赛结果，极大地活跃了课堂气氛。

二、直观呈现，突破难点

中学课堂教学应遵循由易到难、由表及里、从具体到抽象的教学规律。在处理教学难点时，教师可利用实物、图画、挂图以及简笔画等把抽象的内容具体化，帮助学生克服认知障碍。例如：有位老师利用简笔画，作了一幅直观再现中国农场的图画，形象生动，利于学生掌握；有位老师用手机以及电话，真实展现了一幅打电话的景象，加深了学生的印象；有位老师利用挂图，向学生展示了中国农场与美国农场的不同，形象直观，便于学生对两国农场进行比较；有位老师运用简笔画，描绘了一位老人，呈现了"old"，引出了本课的难点句型"How old is he？"……直观的呈现可以有效突破难点的障碍，帮助学生检索出理解和把握所学内容的便捷途径。

三、创设语境，激发兴趣

美国著名心理学家布鲁纳说过："学习的最好刺激力量乃是对所学材料的兴趣。"培养学生英语学习兴趣，是教师指导学生学好英语的前提。中学生学习英语，是在母语已具有一定水平的基础上开始的。英语与汉语的思维方式存在较大差异，学生用英语进行思考的习惯和实际运用英语的能力，只有大量接触英语，置身于英语学习的氛围之中，才能逐步养成。因此，当教师面临一项新的教学内容时，置身于学习氛围，需要根据教材实际创设真实情境。本次活动中，许多教师都注重创设语言环境，用图片、实物、录音、录像、简笔画、挂图以及形体语言，进行了立体化教学，使抽象文字变得形象具体，让学生有亲临其境之感，并鼓励学生人人都在英语课上展示风采。例如，有位老师在教"on the farm"一课时，通过让学生们讨论"Which farm do you like better，the Chinese farm or the American farm？"，引申到"Which do you like better，basketball or football？"等问题，贴近学生生活，让学生能够在实际生活中运用英语。再如，有位老师通过本单元的重点"打电话"，创设了情境，让学生接听电话，熟练运用了电话语言，真实再现了语言运用的功能。又如，有位老师在教形容词的比较级和最高级时，让三位学生上讲台，老师以自己作为参照物，展示了"×× is near，×× is nearer，×× is the nearest．×× is far，×× is farther，×× is the farthest"，紧接着又举出了一系列例子，同学们看得仔细，听得入神，兴趣极高。

这次授课互听、互评活动，取得了一定的成绩，但是也存在不足，特别是教学方法有待进一步改进。

德国教育家第斯多惠指出"教学的艺术不在于传授知识，而在于激励、唤醒和鼓舞"。为认真贯彻新教学大纲的要求，促进学生创新思维能力的培养，改革教学方法势在必行。根据襄樊市第三十二中学实际，可采用以下教学方法。

1. 应用启发式和讨论教学法

启发式教学即教师启发学生思维并积极开动脑筋，产生疑问，提出问题，培养他们质疑问题的能力；讨论式教学即引导学生展开热烈的小组讨论，调动他们的求知欲和思考问题的主动性，激发他们的兴趣（在导入新课时需要适当引用）。例如，老师在教数字之前，问学生们在平时生活中哪些东西与数字有关，启发学生思维，如邮政编码（post code）、电话号码（telephone number）、传真（fax number）、车牌号（car number）、票号（ticket number）等。学生思维活跃，会带着强烈的求知欲和高度的注意力投入到英语学习中去。

2. 应用归纳总结法

归纳法是让学生接触具体的语音现象，从各种现象中归纳出语音规则。它能使学生进行思维活动，锻炼和培养学生的求异思维和逻辑思维能力。

（1）运用归纳法分析语音现象，开发学生心智，帮助学生分析、归纳、推理语音现象，培养逻辑思维能力和发散思维。例如，教book一词，"oo"发「u」，"good"的"oo"地发"「u」"，教会学生自主分析，推断读音，及时归纳总结，逐渐养成科学思维的能力。

（2）运用归纳法积累词汇。教师在教学对话中，可以引导学生对话中出现的生词与类似或相反词义的单词进行复习比较，温故而知新，帮助学生积累知识，培养学生的求同思维和求异思维。求同、求异思维的训练，可以锻炼创造性思维，巩固和扩大学生的词汇量，从而达到举一反三、触类旁通、灵活运用英语知识的目的。

总的来说，这次互听、互评活动是一次比较成功的教学实践活动，达到了教与学相互促进的目的，为全体英语教师提供了一次"展示自己，向他人学习"的机会。在今后的教学中，我们英语教研组还将不断努力，大胆探索，多开展有利于提高教学工作水平的活动，争取为襄樊市第三十二中学的英语教学工作再创佳绩。

国培给力，让我们美梦成真

经过这次国培学习，我进一步清楚了认识，明确了自己的职责，这使我不由得想起了习近平总书记谈到的中国梦——"实现中华民族伟大复兴，就是中华民族近代以来最伟大的梦想"。习近平总书记对"中国梦"的阐释，触动并点燃了每个中国人内心深处的"中国梦"。是啊，有梦想才会有希望，有希望才会有激情，有激情才会有事业，有事业才会有未来。我们国家的未来不就是青少年的健康成长吗？作为新时代的教师，我们所肩负的责任就是为祖国培养有责任心、有创新意识的新型人才，我们如何做到呢？通过此次国培学习，我有了更深的感悟。从这次学习我看到了实现中国梦的希望，中央电视大学的老师们有着高度的责任心，耐心细致，如王兰婷老师、张伟老师、陈高杰老师等，不论我什么时候和他们联系，他们都十分热情、非常客气，让人如沐春风，耐心地帮我们解决问题。襄阳初中英语2班老师们学习热情高，101名学员全员合格。最让我感动的是竹条实验中学的胡乐平老师，记得那天襄阳下起了一场大雪，天特别冷，我刚一下课，就有同事告诉我，有老师找我。我赶紧到办公室去，一看，原来是竹条实验中学的胡乐平老师，她身上还有雪花，要知道竹条实验中学离襄樊市第三十二中学的车程大约1个多小时啊！原本不是国培学员的她，不远千里，到我们学校来向我请教如何上网登录进行国培学习。霎时我感动了，屋外寒气逼人，屋内温暖如春。我耐心仔细地给胡老师讲解，并且找到电脑当场演示，直到胡老师能亲自操作登录。送走了千恩万谢的胡老师，我感慨了良久。于是我也丝毫不懈怠，一方面，没有放弃作为国培学员的机会，认真学完了30个视频，积极发表评论，总登录时长50174小时，撰写了43篇研修日志，参与主题研讨256个，积极完成并提交了作业。另一方面作为国培辅导老师的我认真批改每位学员的作业，办了31期班级简报，组织教师参加视频答疑、主题研讨，点评学员的研修日志，发布班级公告，等等。有时为了作业不及格的老师，一个个打电话询问他们是否有什么问题，需要什么帮助。国培学习即将结束之时，我欣喜地看到，我们襄阳初中英语2班的101名学员全员合格，学员老师们都纷纷表示学有所获，并计划将这次国培所学的理论与实际运用到自己的教学中去。我认为是国培给力，让我们樊城区的英语老师们学有所获，我们一定会面向全体学生，以生为本，关爱每一位学生，真心爱教育，真情爱学生！

通过这次初中英语国培远程学习，我们的心灵得到了洗涤，我们的育人观发生了变化，我们的教育理论知识得到了充实，我们的专业素质得到了提升，这些都无疑让我们离实现中国梦更近了一步。让我们怀揣激情、怀抱梦想，围绕中国梦，为实现中国梦尽我们自己最大的努力！

我相信，我们会美梦成真！

浅谈如何创建特色学校

在教育竞争日趋激烈的今天，特色越来越成为中小学的"立校之本"。特色学校已成为学校发展的关键，要实现学校的可持续发展，就必须着力打造学校的特色。.

襄阳市三十二中学建校二十年，我在这里工作的十六年里，亲身感受到这所学校努力打造让学生"养成三年 精彩一生"的育人特色，使学校发展成为省级示范学校、市教育系统先进集体、科技创新活动和校本课程开发工作先进单位。

那么如何建设特色学校，让特色教育打亮三十二中学生人生成长的底色，为三十二中学生一生的发展奠定坚实的基础呢？本文不揣浅陋，试图结合多年来学校教育教学的管理经验，谈谈自己的一些看法。

一、贯彻执行党的教育方针，推动学校特色化发展

所谓特色学校，是指在先进的教育思想指导下，从本校实际出发，经过长期的办学实践，形成了独特的、优化的、稳定的办学风格与优秀办学成果的学校。创建特色学校，是我国基础教育改革与发展的重要策略，《中国教育改革与发展纲要》（以下简称《纲要》）中明确指出："中小学要由'应试教育'转向全面提高民族素质的轨道，面向全体学生，全面提高学生的思想道德、文化科学、劳动技能和身体心理素质，促进学生生动活泼地发展，办出各自的特色"。《纲要》肯定了特色学校的方向，概

教学感悟篇

述了特色学校的内涵和发展前景。深刻领会办好特色学校的意义，认真总结办好特色学校的经验，研究特色学校的理论，对办好特色学校十分必要和非常有益。

襄阳市三十二中人在学校党总支领导带领下，始终把创办特色学校当作贯彻党的教育方针、实施素质教育的大事抓紧、抓实，坚持要求面向全体学生，促进学生全面发展、和谐发展、主动发展，多渠道开发学生潜能，培养学生的个性和特长。学校创建的特色教育则是在保证全体学生达到"合格"的基础上，创造满足学生个性和特长发展所需要的条件，培养学生的特长和爱好，促进学生成人成才，有效地推动了学校的特色化发展。

二、确立全新的办学理念，引领学校特色化建设

特色学校的本质是学校的个性化，而这种个性化首先体现在办学理念的个性化。一所有特色的学校必有自己鲜明的办学理念，它凝聚了这所学校的个性风格、文化品位和人才培养特色。适合本校特点的鲜明的办学理念一经确立，就成为全校师生共同追求的奋斗目标，学校就有了自我超越、追求特色的可能，学校的凝聚力、吸引力、向心力、感召力也会得以增强。创建特色学校是一项开拓性的活动，需要有科学理论的指导，这样才不至于迷失方向、误入歧途。也只有用"特色理论"来指导办学行为，才能找准富有特色的主题，确保学校特色建设沿着正确的方向前进。

选择和确立办学理念是学校实行校本管理、追求特色发展的首要任务。襄樊市第三十二中学多年来形成的办学理念是"教学生三年，要为学生想三十年"，形成的校训是"尊师、守纪、明礼、诚信"，形成的教风是"团结奉献、求是创新"。这些个性鲜明的办学理念体现了党的教育方针和素质教育要求，是关于学校办学的方向选择、目标定位、特色所在的理想和价值追求，引领着学校朝特色化、个性化方向发展。

三、创新教育教学制度，营造特色化教学环境

良好的教学制度能营造有利于学生创新精神培养和个性发展的教学环境。校长应深谙此道，通过教学制度的建立、改革与创新来体现自己的教育理念，为具有各种才能潜质的人提供充分发展的机会，激励学生追求更高层次的发展价值，逐步形成开放、有序的教学管理特色。因此，创新教学制度，是学校特色发展的关键，也是教育创新的重要内容。

襄樊市第三十二中学十分注重对学生实践能力的培养，经常有目的地组织学生进行社会调查，特别注重把"科技创新"作为一门重要的教育教学内容，以此培养学生观察生活和使用科学的能力。襄樊市第三十二中学始终遵循"授人以渔"和"教会学生教育自己是人生成功之根本，也是教育之使命"的规律，注重对学生自主学习法和自我教育习惯的培养。

苏霍姆林斯基说："办学校办的是一种精神，一种文化。"这种精神和文化是学校的立足之本、创新之源，是学校长期办学经验的积淀、办学优势的弘扬和办学个性的彰显。因此，校园文化及其环境是影响教育效果的重要手段和支配力量，校园文化的品位直接影响到教育教学环境和所造就的人才的品位。襄樊市第三十二中学注重加强校园文化建设，通过创设有特色的课外活动来补充课堂教学的不足。为使课外活动能够正常开展，我们把课外活动纳入教学计划，定期检查和督导。规定每天下午第三节课为统一活动时间，轮流举办英语歌曲比赛、演讲比赛、校园艺术节、科技节等活动。这些活动极大地丰富了校园文化生活，并逐步形成了有特色的课外学习活动体系。由于环境创设在人才培养和形成学校特色过程中有着不可替代的作用，所以我们把营造优良的育人环境作为治校实践的基本理念。这些理念一旦被师生共同接受，就成为引导他们追求理想、规范行为的无形力量，让学生受益终身。

四、培养一流的师资队伍，奠定特色教育的坚实基础

教师是一个学校的灵魂，也是学校的生命和活力所在、精神和力量所依。学校的办学理念和特色主题，要依靠一支与之相适应的教师队伍去实施。只有把学校的办学理念内化为每位教师的自觉行动，并持之以恒地努力实施，学校才能逐步形成鲜明的办学特色。襄樊市第三十二中学始终把教师队伍的建设当作头等大事来抓。具体做法是：努力调动现有教师的积极性，挖掘潜力，多措并举，提高其政治和业务素质，促进教师队伍成长。具体做了以下几方面工作。

1. 加强师德建设

襄樊市第三十二中学注重抓好教师职业道德建设，坚持不懈地开展了好修师德、铸师魂、塑形象活动，培养锻炼了一支注意自律、朴实肯干、奋发向上的教师队伍。

2. 做好教师的思想工作

学校领导做教师的知心人，经常深入一线和教师谈心、解决问题、交流感情，让教师工作起来心情舒畅，使干群关系密切、团结，形成合力。通过组织优秀教师事迹报告会、学习身边优秀教师的感人事迹，对优秀教师大张旗鼓地表彰等形式，激励教师，增强教师的责任感、荣誉感、自豪感。学校还十分注意帮助教师树立正确的人生观、价值观、生活观、得失观，使教师善于从职业中体会到人生的快乐、美好和幸福，并热爱自己的工作、珍视自己的岗位。所有这些，对调动教师积极性、促使教师成长、促进优秀教师群体的形成起到了重要作用。

3. 帮助教师确立正确的教育理念

襄樊市第三十二中学绝大多数教师已在下述问题上形成共识：面向全体学生就是切实关爱每一名同学；育人应为学生的长远发展考虑；教学不能只是重双基，还要重过程、重体验、教方法、育能力，要结合非智力因素搞好教学；要以学生为中心，立足于学生研究学法、立足于学法研究教

法；切实转变教与学的方式，注意培养学生自主学习、合作学习、探究性学习的能力和习惯；以促进学生发展为着眼点对学生进行评价。

4. 坚持抓好教师教学基本功的训练

为切实提高教学质量，学校坚持开展各类比赛活动，如，"我的课堂我落实"、"好课我来评"、"暑期作业秀"、赛讲课活动、赛备课活动、作业批改评比活动、反馈试卷评比活动等。这些已成为长效机制，从而充分发挥了教师的潜能，促进了教师的专业化成长，从整体上提升了教师素质，进而全面提高了学校教学质量。

5. 坚持搞好校本培训

搞好校本培训可以使教师立足于岗位，在工作中学习，在实践中提高，学用结合，使工作过程同时成为学习实践提高的过程。同时充分调动教师自主性、积极性，倡导自主学习、终身学习，培育了一大批有思想、敢创新的研究型教师、学习型教师。

6. 鼓励教师取人之长

学校经常创造机会让教师外出学习、参观、交流、参赛，让教师走出去，开阔教师视野，促进教师尽快成长。如2010年11月，樊竹校长带领老师们去南京溧水县东庐中学参加了"江苏省高效课堂模式研究"的考察学习，使老师们进一步明确了高效课堂的真正含义，对自己所从事的教学有了更深刻的认识。2011年4月，樊校长又带领老师们到嘉鱼城北中学参观学习，让老师们开阔了眼界，提高了自身专业水平。同时，学校还多次聘请有关的教育专家和市、区教研员到校作专题报告或听课指导。

通过以上措施，襄樊市第三十二中学教师的综合素质得到很快提高，一支有个性、有特点、有风格的教师队伍正在形成。雄厚的师资力量为学校特色教育的形成奠定了坚实的基础。

五、确定实际的办学目标，丰富特色化教育内涵

对一所寻求创建特色教育的学校来说，确定合适的目标，是创建特色

教学感悟篇

学校的第一步。创建特色学校，都必须确定一个独树一帜、鼓舞人心、切实可行的奋斗目标。目标的确定必须以党的全面发展的教育方针为依据，从本校的实际出发，反映出学校独特的教育思想、管理思想和办学理念，体现办学追求，具备鲜明个性的办学色彩。襄樊市第三十二中学领导班子充分意识到：要实现学校跨越式发展，必须大胆创新，激活办学思路，寻求一条符合自身发展需要的办学之路。

创建特色学校必须充分考虑本校的地理位置、硬件条件、师资队伍、管理模式等现实条件和基础，同时还要顾及社会和当地对人才的实际需求，这对学校特色教育的发展有着举足轻重的作用。襄樊市第三十二中学是襄阳市最大的初级中学之一，教学质量高，办学条件好，师资力量雄厚，周边地区的许多家长都愿意把孩子送到学校就读，以期获得优质的教育。为不负众望，襄樊市第三十二中学进一步挖掘内部潜力，不断扩大特色项目，丰富特色教育内涵。近年来又以减负增效为抓手，开展了"在减负增效环境下高效课堂的创建"活动；选择英语学科为突破口，开展了"初中英语教学评价""运用5P教学模式 创设英语高效课堂"活动；结合初中学生心理问题，开展了"单亲家庭孩子的心理问题调查与研究""网络环境下心理健康教育的对策评价与干预策略的研究"；运用网络，开展了"学科网站群"促进教师信息素养与教师专业化发展研究等课题的研究；开展了科技创新实践的研究等。这些特色项目的选择与实施，不但强化了学科特色化的建设，而且拓宽了办学的路子，为实现学校跨越式发展开辟了广阔的新天地。

六、建立有效的办学机制，保障创建特色化学校

机制建设更带有根本性。管理机制、考核机制是否科学、规范，是衡量一个学校发展水平的重要标志。特色学校要不断向前发展壮大，就必须努力实现管理考核机制的科学化、规范化。 为此，第一实行年级承包责任制。各年级蹲点领导（一位校级干部和几位中层领导组成），他们承包

班级、学科，每天有一名年级领导值班查考勤、负责年级组内事务，责任清晰，大大提高了工作效率。第二实行量化管理。襄樊市第三十二中学从实际出发，从2009年起，开始实行量化管理。具体做法是，把对教师的考核项目分成七大部分，即班主任工作、师德、出勤、工作量、教学过程、教学效果、各种奖励。每一项都制订了评价内容、评价标准，形成草案，并在召开教师大会前发给每位教师，再以年级组为单位，对草案进行讨论研究，然后学校集中教师们的意见和建议，对草案进行修改和完善。这种方式有时反复多次，最后经教师大会表决形成正式方案，在新学期执行。学校为此建立了7个考评小组，本着公正、公平、公开的原则，每月公布每位教师的考评情况，并将所有考评结果上墙公示，教师有疑问可随时查看。学期末将教师每个月的考评情况累加起来，作为反映教师一个学期的工作表现和评优晋级的最重要依据。这种管理办法使教师有了明确的奋斗目标和工作标准，有效地调动了教师们的工作积极性。学校教学秩序井然有序，教师精神面貌焕然一新。随着时间的推移、事业的发展，学校情况每学期都有新的变化。为适应变化了的情况，学校每学期开学前都对量化方案进行讨论、修改和完善，以体现与时俱进的发展特色。总之，量化管理的实施，有效地调动了每位教师的积极性，推动学校管理水平迈上了新台阶，初步实现了学校管理的科学化、规范化、特色化。

教学感悟篇

如何搞好中小学英语教学的衔接

众所周知，自学生进入初中后，英语学习就从单纯的语言积累阶段进入了语言的拓展和运用阶段，内容逐渐复杂，难度也随之增大。教学要求从听说为主，逐渐向听说领先、读写跟上的阶段过渡和转移，学生要适应新的环境、新的教学方法和新的教学要求。这就要求在教学任务和教学内容上要衔接好，便于学生后期的英语学习。那么，如何做才能搞好中小学英语教学的衔接呢?

一、进行全面调查，做好衔接的准备工作

开学初，首先对全体初一的新生进行一个学生学习英语的情况调查，对学生的英语掌握情况进行摸底。可借助"课外访万家活动"到学生家里走访，与家长畅谈、看看学生的书房布置，了解学生学习英语的状况以及从家长那里获悉学生在学习英语方面存在的问题等各种情况以及家长对英语学科的重视程度，为后期的中小学英语教学之间的衔接做好准备。

二、抓好系统复习，做好中小学教学内容的衔接

初中英语教师必须认真研究小学英语的教材，了解与熟悉小学的教学内容。在开学的第一周，老师应针对了解到的情况，组织学生系统地复习，包括字母、单词、词汇、句子、语法和日常交际用语。《英语（新目标）Go For It》教材Starter Units1—3也为中小学英语教学做了很好的衔

接，只要教师有效地用好《英语（新目标）Go For It》教材Starter Units1—3，就可为学生后期的英语学习及运用夯实基础。

三、结合学生心理特点，做好中小学教学方法的衔接

为了做好中小学教学方法的衔接，教师可依据学生心理和年龄特点，采取形式多样的教法，积极创设情境，以与学生生活实际相贴近的活动为载体，有机地结合听、说、读、写，既创设和谐的课堂气氛，又培养学生的语言运用能力。

1. 指导预习的方法

每节新课学习之前，给学生布置具体的预习作业。教会学生音标，用音标来读单词、词汇和句子，教会学生使用工具书、课后生词表，带着一定的任务去研读对话或课文，初步了解将要学习的基本内容，记录预习中的疑难词组、句型等问题，使学生产生强烈求知欲望。通过对新课的内容进行预习，使学生逐步养成了勤动手查资料、勤动脑思考问题的良好习惯，培养了其自主学习的能力。

2. 指导听课的方法

英语课堂上教师应使学生充分调动感官，养成眼、耳、口、手、脑并用的听课习惯，充分理解并熟练运用所学到的英语语言材料，高效地掌握每节课上所学的内容。如：在Preparation环节中，用顺口溜、英语歌曲、英语小故事等活动，激发学生学习热情，做好热身准备；在Presentation环节中，创设生动的情境用以让学生眼观、耳听、口动、心想，用脑理解、记忆教师所表达的内容；在Practice过程中，要求学生大声朗读、用脑子记忆、用手写重难点单词；在 Production环节中，要求学生学会运用语言做事情；在Progress过程中，引导学生复习巩固所学知识，及时发现自己存在的问题，分析问题，进而解决问题。

在教学中，教师应尽可能挖掘教材内容的趣味性，多设计一些有趣的、贴近学生生活的英语活动，让学生真正做学习的主人，从而激发其内

教学感悟篇

驱力，创设高效课堂。

四、培养学生习惯，做好学生学习习惯和方法的衔接

小学生步入初中时，比较普遍地存在以下主要行为习惯：书写不规范，作业粗心马虎，拼写错误多，语法概念模糊，用汉语方式代替英语等。

搞好学习习惯和方法的衔接，关键是要求学生养成自觉学习的习惯，即做到课前做好预习、听课集中注意力、大声朗读英语、学会记笔记、会整理笔记、认真完成作业、善于提出问题、课后复习、及时巩固所学知识等。

五、针对学生情况，做好中小学生学习兴趣的衔接

小学生独有的年龄特征表现为对新鲜事物的好奇、好动、好问。进入初一后，他们依然天真烂漫，活泼好动。这就需要英语教师在初中英语教学过程中认真把握好教材内容的趣味性，利用各种方法，如丰富的表情、幽默的话语、夸张的手势、生动的表演等来营造生动的语言交流情境，使学生在真实的情境中学习英语，体验英语学习的趣味性，享受英语学习的乐趣。开展各种英语课外活动，例如小组竞赛，满足学生的争强好胜心理需要，让学生在活动中巩固和运用所学的知识，在竞赛中体验到成功的乐趣。

六、注重形成性评价，做好教学评价内容和形式上的衔接

一方面，通过课堂小检测，教师可以了解全体学生的英语学习基础，增进教师对学生的进一步了解，为教师备课、上课提供可靠的教学依据；学习成绩较差的学生也可及时发现问题，不断调整学习计划，查漏补缺，提高效率。另一方面，教师更要重视运用形成性评价，注重对学生的学习过程进行评价，如学生课堂听讲情况、课堂活动参与情况、主动学习情况、课后提问情况。

我认为，在初中英语教学中，我们需要了解学情，掌握多种方法，有效评价学生，这对做好中小学教学的衔接是很有意义的。

课改三年看成长

一直以来，作为教师的我都在思索着：教育是什么？ 课改三年的经历，让我不断体会到教育就是一个生命唤醒另一生命，一个思想点燃另一个思想，一个智慧激活另一个智慧！教育永远的着眼点是人。课改已经历时三年，我感觉自己也随着课改成长了，同时收获了参与课堂活动的喜悦和感受。是课改让我明白了我要向学生学习；是课改让我知道了探究的真正含义；是课改让我理解了备课组集体备课正是新理念"合作"的体现；是课改让我享受了与别人分享成果的快乐；是课改让我懂得了做教师重要的是做一个思想者……

我在课改中成长……

首先是自己理念的转变。樊城区区域课堂改革的核心就是在课堂教学过程中，最大限度地解放学生、改变教师观念，变老师"教得精彩"为学生"学得精彩"，突出"我的课堂我做主、我快乐、我进步"的鲜明主题。如今的我，在新课程改革的春风中，及时改变自身的角色定位，拉近了与学生之间的距离。课改促进我们去激发学生的生命意识，去关注学生的生命的意义，去关注"人"本身的成长。这种大转变使我感到幸福，同时也感到自己能成为其中一员，和它一起进步共成长是多么幸运。然而课改不在于知，而在于行。因此在授课中，我试图点燃学生激情，打造高效课堂。在《英语（新目标）Go For It》九年级"Unit 5 *What are the shirts made of*？"Section A 1a—1c的教学中，我采用了高效课堂的教学模式，

教学感悟篇

我发现学生对这种形式非常喜欢，已经学会的学生上讲台当老师，教其他学生学习话题词汇以及目标语言。活动中学生们跃跃欲试，都争当老师，极大地激发了他们的学习内驱力，调动了他们学习英语的兴趣。在群学过程中，学生们抢着展示自己所学的内容，学生的学习热情也极大地感染了我，在这种学习互动中，达到了教学相长的目的。在本节课中，我希望学生们能够通过运用被动语态谈论日常生活用品用什么原料制造和它们的产地，掌握目标语言"What... is/are it/they made of? It's/They're made of... Where was/were it/they made? It/They was/were made in..."。于是我运用图片，让学生们认识日常生活用品和制造该用品所需原材料的基本词汇，谈论它们是由什么做成的。我认为可以通过对话将本单元语法、被动语态、句型在真实的语境中呈现出来，运用"What is/are it/ they?"引出日常生活用品，再通过"What... is/are it/they made of?"引出新的语法项目。在和学生们交流互动的过程中，让学生逐步感知目标语言，培养学生的选择性注意力，即注意产品、原材料和产地这些关键信息。学生们通过参与活动1c，对本单元基本语法和基本句型进行口头操练，完成最基本的语言输出。导入话题，处理词汇。所授课的内容涉及的生词单词较多，我采用图片呈现了话题词汇"chopsticks, fork, coin, blouse, silver, glass, steel, cotton, silk"。正如"一幅图胜过一千个字"所言，通过图片呈现词汇，直观形象，一目了然。此处我运用目标语言操练话题词汇，又练习了目标语言。在多种形式的操练中，学生们逐步习得了目标语言。在几幅图呈现之后，学生们已经能自己使用目标语言进行训练、内化知识。在训练之后，学生们观察这些句型，并且总结语言规律，很容易地总结出了规律——这些句型都运用了"be made of"，有的学生还说出了这些句型使用了被动语态。在接下来的听力练习中，学生学会先看听力题目，在听前做好听力预测，为听做好准备，不断培养自己听的能力。但是由于听力材料比较难，并且语速较快，部分学生没能够找到答案，学生们通过对学和群学，解决了这一问题。学生们在对学中互相交流，互相沟通，在对话中学生与其对子实现了情感交流的目的。本课教学我力图突出过程性教学，合理的输入—学生主动体验—语言有效输出。在教学逐步进行的过程中，学生们通过独学、互学、群学等多种形式，主动体验各种活动，能够轻松地说出 "The chopsticks are made of wood. The coins are made of gold" 等句子。学生们自己总结出了被动语态的语法项目，理解了被动语态的用法，并运用例句，加强了对这一语法项目的感性认识，使这一知识难点逐渐容易接受。我认为学生这些连贯的表达得益于思维与表达的训练，语感和话语自然无限生成、自溢生成。这些教学活动的设计中，我力求关注学生的学习心理和认识过程，融教学于丰富多彩的活动之中，正如苏霍姆林斯基所说的，"让学生始终带着一种高涨的、激动的情绪从事学习和思考，在学习中意识和感觉到自己的智慧和力量，体验到创造的快乐……"。初步尝试了激发学生学习内驱力、发掘思维潜能，我将在今后的教学实践中不断完善高效课堂教学模式，逐步实现高效课堂的创建。

通过这节课，我切实体会到了学生的能力是"练"出来的，是"做"出来的，是在"用中学"来的，不是"听"出来的，不是"看"出来的，也不是"想"出来的。因为，能力是一种"外化表现"，而不是一种"内化思维"——智力。在现有可能下，外化学习在一定程度上能够改善传统教育在"培养学生成为具有批判思考能力、合作沟通能力、获取信息的能力、自主学习能力"的人才道路上举步维艰的状况。

三年的课改历程让我领悟到了：通过英语教学，能引领我们的学生去开阔自己的眼界，去关注社会的风云变化，去领略人类文明的丰富多彩，去感悟人生的千姿百态。让学生学会思考，学会学习，学会生存，学会生活。我认为这才是进行英语教学的真正价值和目的所在。因此，我不再犹豫、不再徘徊，我将以更高的热情、更积极的态度面对困难、战胜困难，我将放飞翅膀，在课改中成长，在成长中享受快乐……

昨天伴着回忆转瞬即逝，今天怀着希望悄悄来临，而灿烂的明天，又闪烁着光辉向我们招手。我想说：我与课改共成长！

教学感悟篇

以研促教　硕果累累

——襄樊市第三十二中学以英语教研活动促进教学水平提高情况纪实

　　随着教育教学改革的不断深入，新课程改革的不断推广，学校教科研成果也不断涌现。几年来，我们英语教研组崇尚卓越，追求一流，针对英语教学实践中出现的问题，以新课程改革为导向，利用"专业引领、同伴交流、自我反思"的方式，边研究、边实验、边提高，营造学校英语教研氛围，提升英语教师的整体素质，促进学生的全面发展，提升学校"科研兴校"的品位。现将襄樊市第三十二中学以英语教研活动促进教学水平提高情况介绍如下。

一、以"教师培训"为突破口，促进教师与新课程同成长

　　教师是课程改革的主力军，先进理念要靠教师在实践中去落实，把教师推到课改第一线，有效提高教师专业水平，是课改的重要策略。新课程体系在课程功能、结构、内容、实施、评价和管理方面都较原来有重大创新和突破，这就要求教师必须学会思考、转变观念。教师不跟上，课程改革就缺乏落脚点。为了搞好新课程改革，我们利用业余时间对教师进行师资培训，通过各种形式的学习，丰厚教师参加课改的底蕴，为造就新课改的生力军、推进新课程做好准备。

1. 岗前培训

自新课程实施以来，襄樊市第三十二中学十分重视英语教师的新课程理念学习，不仅全员参与通识培训，还让教师在政治及业务学习会上学习新课改的相关资料，撰写体会，对教师进行"洗脑""充电"。

2. 后续培训

教师头脑中旧有观念要想在短期内打破不太现实，因此，襄樊市第三十二中学后续培训的师训工作，充分体现了"边实验、边培训、边总结、边提高"的要求，并与教研、教改相结合，长期跟踪指导。校领导、英语教研组深入班级听课、评课，同时组织英语教师外出听课，写读书笔记，学习借鉴别人的先进经验，通过活动、体验，引导教师从实践中学习，在反思中进步，实现自我提高。

二、以课堂教学为载体，实施新课程标准精神

课堂是实施素质教育的主阵地、主渠道。襄樊市第三十二中学每位英语教师都坚持在课堂上用英语教学，力图在课堂上为学生营造一种讲英语的氛围。课前5分钟让学生们做值日生报告，形式多样，有的讲英语故事、有的唱英文歌曲、有的朗诵英语小诗、有的用英语向其他学生提问、有的报道英语新闻等。课堂教学中教师们还经常根据课文需要创设情境，让学生们自编对话，及时在课堂上表演，若有时间教师们还让其他做观众的同学点评、打分。教师们逐步变换情景，通过连锁操练、分组操练、看图说话、角色扮演等多种形式让学生们对所学知识有进一步了解。

学英语的最终目的是为了能让学生学会在生活中运用英语进行交流，完成任务。因此，在教学中，当学生一旦领会某一功能项目的使用语境，教师们就及时把书本知识与学生的生活实际相联系，借此来培养学生的运用能力。比如3月8日是妇女节，七年级教师让学生用所学过的知识以"Please have a good rest，Mum"为题写一篇英语作文。由于这与学生生活实际紧密相连，学生倍感亲切、兴趣高昂，学英语的信心倍增，有效地

教学感悟篇

促进了英语的学习。

本学期我们每位英语教师都是课堂教学的实践者。为保证新课程标准的落实，我们把课堂教学作为有利于学生主动探索的英语学习环境，把学生在获得知识和技能的同时，在情感、态度、价值观等方面都能够充分发展作为教学改革的基本指导思想，把英语教学看成师生之间、学生之间交往互动和共同发展的过程。为此我们继续开展同组共研一课活动，在教研组长的带领下，紧扣新课程标准和襄樊市第三十二中学区"合作、探究"的教学模式。在有限的时间内吃透教材，分工撰写教案，以组讨论定稿，每个人根据本班学生情况说课、主讲、自评；积极利用各种教学资源，创造性地使用教材公开轮讲，反复听评，从研、讲、听、评中推敲完善出精彩的案例，把学科素质教育真正落到实处。襄樊市第三十二中学赛晶晶老师在市三大比武活动中获一等奖，李岚老师在区三新优质课比赛中获一等奖，胡菁菁老师在校级展示课中获一等奖。课堂上三位教师都以新课程标准的精神指导教学实践，运用合理的教学方法，努力创设学生求知的氛围，这充分体现了学生为主体和教师为主导的新型师生关系，体现了课改新理念，得到了市、区教研室领导的肯定。

三、以教育科研为先导，推进课程改革的步伐

教学改革是教育的载体和推动教育发展的动力，课堂教学与教学改革又是相辅相成的。离开了课堂教学，教学改革就失去了生命力。因此，本学年我们根据学校的设施及师资情况，继续进行小组合作学习的子课题——"重视实践活动，培养学生合作、探究能力"课题的研究，进一步探讨英语教学与现实生活的联系，引导学生在社会大课堂的实践中发现英语知识，进而达到培养学生的创新意识和创造能力的目标。实验教师高蕾、李闻琴、李春瑜、孙琳、赛晶晶、李岚、曾群等老师在教学实际中根据实验方案认真探索、总结、改进，她们把英语教学与社会实践活动紧密地结合在一起，让学生真正感受到自己身边处处有英语知识，这种方法现

已初见成效。为最大限度地让学生学到有用的英语，最大限度地培养学生的英语意识和初步解决问题的能力，我们还充分发挥实验教师的带头、辐射作用。各个年级都加强了英语实践活动这一教学形式，都根据各自不同的教学内容及学生的年龄特征，设计了各具特色的实践活动。七年级在这方面尤为突出一些，教师根据英语学科的特点和孩子的年龄特征，学习了"My name's Gina"后领着孩子在校园中亲自实践，让学生之间相互用英语询问，学生都问得不亦乐乎；学习了"How much are these pants？"后组织了"今天我是营业员"的英语实践活动，学生们通过亲身体验一天的营业，真正体会到了当营业员不容易，活动获得了家长们的大力支持和一致好评；学习了"Do you want to go to a movie？"后让学生自制表格，调查同学们喜欢的电影，并提出自己的看法和意见。通过实践活动，学生运用学到的知识解决了身边的问题，真正体会到了学习英语的乐趣。

四、广泛开展课外活动，激发学生学英语的兴趣

课外活动是学生充分展示、大胆实践的好机会。由于其是课堂教学的延伸，利于学生开阔视野，增长知识。襄樊市第三十二中学利用每周一、周四下午第4节课，开展内容丰富、形式多样的课外活动，如单词竞赛、英语书法展览、英语歌曲比赛、英语作文展、诗歌朗诵、英语课本剧表演等。

为了搞好校园文化建设，创建轻松、活泼的英语学习氛围，襄樊市第三十二中学开展了以下活动。

1. 推荐英语名曲，提高学生的欣赏水平

英语老师们经常向学生们推荐一些好听的英语名曲，比如《友谊地久天长》《雪绒花》《昨日重现》等，容易唱的就教唱，较难的则让学生欣赏。

2. 开辟学习渠道，创造学生学英语的氛围

在广播台开设英语栏目，播报英语新闻、英语歌曲、英语小故事等。开辟英语角，办好英语手抄报，制作英语贺卡，编英语作文集。这些都无

教学感悟篇

时无刻不在提醒学生：英语就在我们身边。

3. 编导课本剧，调动学生学英语的积极性

课本剧是将童话剧进行改编，尽可能使用学生所学过的语言知识编写剧本，适当增删情节，恰当运用服装、道具，发挥学生创造、表演才能而加工成的剧作品。演员精彩的表演给学生们留下了极其深刻的印象，极大地调动了学生学英语的积极性。襄樊市第三十二中学课本剧的表演硕果累累，1999年在宜昌举办的湖北省英语语境实践活动中，由高蔷老师和王合芝老师编导的课本剧《白雪公主》荣获省一等奖。2001年高蔷老师编导的童话剧《七个小矮人》、李雪丰老师与郭志君老师导演的童话剧《小红帽》、张焰老师和杨晓艳老师导演的童话剧《拇指姑娘》均获市一等奖。2001年蒋丽老师、李岚老师和杨晓艳老师导演的课本剧《一棵树》获市二等奖。

五、开展课题研究，成果显著

1. 教师教有特色，综合素质明显提高

在课题研究中，我们针对学校具体情况，加强了各类教研培训，定期组织英语教师学习先进的教育、教学理论，切实转变了教师的教学思想。尤其是通过对教学方法与手段进行研究，开展备课、说课、听课、评课等系列活动，英语教师的教学水平、教研能力有了明显提高，涌现出了一批教研骨干。其中1人被评为襄樊市学科带头人，2人被评为襄樊市骨干教师，10人在省、市评优课和基本功竞赛中获奖。几年来，襄樊市第三十二中学教师在国家、省、市级刊物上发表、交流、获奖论文近50篇。本课题研究的广泛开展，促进了教师综合素质的提高。

2. 学生学有兴趣，德智体全面发展

教学方法与手段的优化，激发了学生的求知欲和积极性，学生学业成绩明显提高。几年来，襄樊市第三十二中学中考英语成绩显著，学校的声誉日益提高。以2001年初中四年级中考为例，录取的人数达63名，及格率、优秀率、总平均分均居全区前列。由于在课堂教学中充分发挥学生的潜能，学生在各类竞赛中也取得了较好的成绩。几年来，襄樊市第三十二中学在全国中学生英语能力竞赛中有数百余人次荣获国家级、省、市一、二、三等奖，其中获国家级奖的达80多人。

一分耕耘，一分收获，以研促教，硕果累累，优异的成绩将为我们今后工作带来更大的动力。我们将一如既往，再接再厉，把英语教学工作做得更加出色。

教学感悟篇

扎实培训　有效提升

——培训感悟

当清晨第一缕阳光洒下，一声鸟鸣划破长空，一滴露珠落入泥土，又一个"今天"来临。2017年5月31日，我在襄阳职业技术学院参加了"两课堂"课程资源建设与开发培训班的培训。此次培训分为两个阶段，上午是陈元老师为大家带来"微课资源建设"，下午则是由市数学教研员胡华老师就"初中数学、语文、外语学科资源建设与开发"为专题开展讲座。我感觉受益匪浅，也深感自身责任重大。这是为保证2017年度政府"十件实事"有关教育信息化"两课堂"资源开发与建设工作顺利完成而举办的培训。我感觉这是一次扎实的培训，我从中有效提升了自己的能力。

陈元老师从四个方面对微课资源建设进行了具体的阐述：一，什么是微课；二，微课的标准；三，微课制作的注意点；四，微课制作的思考。这让我对微课有了更深一步的思考。微课区别于微视频，微课更加类似于一对一辅导，更加注重学生的学习，5分钟以内解决一个知识点，具备短小精悍的特点，不可以再分割，其重点在于答疑解惑。讲解时教师语速要慢，以便学生能听清楚。在微课制作的过程中，为了给学生留有思考的时间，需要增加一个思考的页面，比如"你知道吗？"。学生们思考5秒钟之后，再继续进行，利于学生消化吸收。所选画面最好用白底黑字或者黑底白字，按照如下步骤制作微课：选题—编写脚本—作业设计—制作课件—拍摄—后期制作—上传。在制作中，教师要采用"你"的称呼。讲座中陈元老师还特意谈到几个要注意的问题：要符合学生的认知规律，制作时必须做好提前规划，认真准备，为使学生更加集中注意力，还可为学生提供提示信息。同一个页面一个图，文字版的则以文字为主，拍摄设备要干净清洁，远离强光刺激，适当加一些光，确保光的充足，激发学生学习的欲望。教师表述要有自己的见解，声音响亮，有自己的节奏，拍摄的画质要清楚，声音与画面同步。陈元老师还谈到了自己对微课的六点思考，首先要模仿，再逐步形成自己的风格。我们作为名师更要多看多学多琢磨，组建自己的团队，各尽其能，各展其才，对视频进行后期加工。

下午胡华老师围绕"按需扫码，名师相伴，自主学习"，从六个方面进行了讲座：一，对"泰微课"的认识；二，"泰微课"的发展；三，学习"泰微课"的启发；四，对利用微课资源教学的思考；五，数学微课质量解读；六，初中数学学科微课课题参考目录。通过学习，我对"泰微课"有了清楚的认识与了解。不难看出这是一个系统过程，为了保证微课制作的质量，我们需要提前了解学情，掌握第一手资料，有针对性地进行制作。用好微课比建设微课显得更重要，胡老师专门提到我们如何正确、高效地使用微课。我们需要注意语言的传播、语言的运用，使语言具有生动性、艺术性，从而使微课更加有效。我们还需要围绕实用来展开微课制作的工作。

通过今天一天的学习，我认为培训内容丰富、培训扎实有效、培训效果很好，自己也得到了有效提升。我很有启发，觉得还有许多事情需要自己去做，如组建自己的微课团队、设计制作高质量的微课，让其在教育教学中发挥作用，辅助建设名师课堂等工作。

在培训中发展，在引领中提升，凭借着我们心中坚定的教育情怀，执着向前，一路耕耘，一路收获！

教学感悟篇

我的课堂我落实

课堂管理是课堂落实的有效保障。初中生天性活泼好动，课堂上的控制能力较差，因此，只有在课堂上对学生进行有效管理，培养学生认真听课的好习惯，才能确保课堂教学有序高效地进行。开学初，我便向学生提出明确的纪律要求：课前准备好英语书、笔记本、习题本、文具；课中要集中注意力，边听边讲边思考，先模仿，再操练，最后运用。若有学生违反纪律，我一般会用严肃的眼神加以提醒。这些习惯一旦养成，就能使英语课堂真正达到"活而不乱""放得开、收得回"的效果。

认真备课是课堂落实的重要前提。课堂备课备什么？我认为，不仅要备本节课的教学重、难点（单词、词组、句型、语音、语法等），更应分析本班学生的认知水平和理解能力的高低，并结合学生实际，进行教学重、难点的突破。

激情授课是课堂落实的主要手段。众所周知，课堂是教学的主阵地，离开了它，教学就成了无源之水。那么，怎样让学生喜欢英语课？如何提高学生的学习主动性呢？我认为，作为老师，只有真心爱学生，爱教师这个职业，才能用激情唤起学生对学习的热情。每次上课时，我都力争创造一个轻松愉快的学习氛围，让学生学有所得，学有所获。

坚守信念使课堂落实持续进行。在教学中，我始终坚持"关爱班里的每一名学生，不让任何一名学生掉队"的信念。我不止一次在班上说："只要努力，每个人都能有所进步。"为树立学生们的自信心，我要求他们每天大声对自己说三遍"Yes，I can（是的，我能）！"。学生们一旦有了信心，就不容易放弃。在课堂上，我尽量让每名学生都有回答问题的机会，如采用"一个接一个"的方式等。

我还根据课堂问题的难易程度，点不同学习水平的学生来回答。容易的问题让学习困难的学生回答，难度大的则让学习水平高的学生来答。回答完毕，再点一名中等生重复，最后让"学困生"进行归纳。这样不仅有效落实了知识点，也使不同层次的学生有了不同程度的提高。

一芽发，叫醒一片春色

——赴苏浙沪游学感悟

三月初春，春寒乍暖，万物复苏。2017 年3月 9 日到 17 日，我们一行50人作为"襄派教育家"培养对象，在市继教中心陈主任的带领下，参加了"北京师范大学襄阳第二期'襄派教育家'培养对象高级研修班赴苏浙沪游学"活动。在此次活动中，我仔细观察、认真品味，留下了许多美好的回忆和深深的思索。在苏浙沪几所学校游学活动期间，我被几所校园优美的环境所吸引，但感悟更深的是自己对教育更加深刻的理解。我们与教育研究者、一线教师、学生等进行了广泛交流，在行走中体察，在观摩中体验，在交流中体悟，不断地去梳理教育理念、化解教育困惑、寻找教育方向。我们参观的几所学校可谓是各展其长、各具特色，其中上海闸北八中的参观学习给我留下了深刻的印象，如果用一个字来概括的话，可谓是"实"，很多东西值得我们借鉴和学习。真可谓是一芽发，叫醒一片春色。

一、突出了一个核心

培养具有社会主义核心主义价值观的学生。

学生时期是一个人一生可塑性最强的时期，教师对学生发展的责任绝不是一般意义上的道德责任，而在于运用他的专业能力和智慧促进学生爱学习、爱国家、爱生活，愉快健康成长。上海市闸北八中指出，"我们教师是学生成长的贵人，我们要多做锦上添花的事情。"上海市闸北八中让更多的学生享受成功教育。其核心思想即相信每个学生都有成功的愿望，相信每个学生都有成功的潜能，相信每个学生都可以取得多方面的成功。针对不同的孩子有不同的期望，必须用不同的方法对待不同的学生，这也正是伟大的教育家孔子提出的"因材施教"。教师从学生的起点出发，让每个学生都能看到他每天的一点点进步，这才是教育应该具有的情怀。这样点滴的进步对学生来说，也不是一蹴而就的，甚至需要付出很多努力。众所周知，好的教育一定会用足够的时间，让学生慢慢长大；一定会有足够的时间，静待花开的声音；一定会坚信每个学生都有学会的可能。正是具有了这样的一种理念，上海闸北八中把重心放在帮助后进者上，他们提出的成功教育的成功基于薄弱学生，成于学生自身的进步与成功，亦在于教师的进步与成功。谢主任在讲座中反复强调，要有理念还要有操作点，为此学校采取了实力评估法，就是用集体的"目标均分"乘以个人"历史记录"上的最高比值得到其"奋斗指标"，乘以个人"历史"上的最低比值得到其"保底指标"。最高最低的区间，就叫作该生的"实力评估"。考在这个区间内，叫发挥正常；考过最高，叫超常发挥；考不过最低，叫发挥失常。比如，那个最后一名的同学，"历史"上的最低比值为0.3，最高比值为0.5，这次考试我们要力争均分达到90分，很容易算出来，这名同学的实力评估为（27，45）。如果他考了50分，尽管他还是没及格，还是最后一名，但这次他可是不得了了：老师会夸他"超水平发挥"，同学也不会再埋怨他拖了班级的后腿，他自己也觉得为班级取得好成绩做了贡献呢。

在教学过程中，只有当所有的学生都学会和掌握了，老师才会继续进行新的课程。对于那些拥有特殊才能和兴趣的学生，指导和鼓励他们自主地开展更深入的学习和研究。

在学校，教师们关注最多的是那些后进生、反应慢的学生，甚至是一些家庭有问题的学生。上海闸北八中人认为，如果不这样做，放弃这些学生，那么失去了尊严的学生很可能自暴自弃，甚至走向犯罪的道路，那时

教学感悟篇

社会将会付出更大的代价。学校非常注重对学生给予个性化的教育支持，以确保"不让一个孩子掉队"。上海闸北八中这所区属完全中学取得了优异的成绩：初中，合格率稳中有升，超额完成自定目标；（公办学校前列）高中，上线率高位攀升，本科率稳定在80%左右，体育、美术等特长生的高考上线率近100%。

二、实现了两个面向

1. 面向未来

在培养学生的过程中，教师们引导学生胸怀祖国，放眼世界，牢记中国梦，面向未来，开拓进取，为实现中华民族的伟大复兴而努力奋斗。

2. 面对历史

在历史中汲取营养，为中国的创新发展培养人才。作为教师，作为"襄派教育家"的培养对象，培养学生良好的思想品德、人文情怀，其中最基础、最根本、最重要的一点——乃是唤醒学生尊重生命的良知。

三、完成了三大任务

1. 为培养学生合作学习的能力提供舞台

俗话说："独行速，共行远。"学生学会合作将会更加有利于学生学习共同体的形成。为了实现学生知识、能力、性格和谐发展，学校还建立了管理委员会，学生进行自我管理、自主成长。学校通过开展各种活动，激发学生主体意识，为学生自行成长提供舞台。学校关注学生的兴趣，从必修、选修、社团三个方面开展活动，开设了30多门校本课程。

2. 在提升教师综合学科能力上下功夫

上海闸北八中的管理理念，即相信每个老师都有成功的愿望，相信每个老师都有成功的潜能，相信每个老师都可以取得多方面的成功。我想正是学校对老师们的信任，引领着老师们活力四射、永远不忘初心，永远热爱教育。"只有老师的聪明，才能带来孩子的聪明。"上海闸北八中的谢校长在讲座中提到。正是基于此，学校在培训教师这一方面下了很大的功夫，在教师专业化发展方面，学校重点抓好三支队伍：①如何培养规范合格的职初教师；②如何培养践行课改的成熟教师；③如何培养个性化的优秀教师。通过鼓励优秀教师不断创新、制定目标，专家会诊等，促进教师不断成长。研究备课、上课一体化，个别辅导教师成长，组织教师研究学生实际，更新观念，改变做法，以此来帮助教师成长。通过个人反思、同伴互助和专家引领相结合，来实现校本研修的高质量。老师们也逐渐认识到"纸上得来终觉浅，绝知此事要躬行"，内化于心，外化于行，切合学生实际，不断调整自己的教育教学方式，深刻领会成功教育"三个相信"的理念，打造"成功多于失败"的课堂。成功教育集团内的教师培训，遵循学科教学基本要求，严格把握教学内容、难度，老师们认识到教什么比怎么教更重要。

3. 为提高教学教研质量搭建平台

借助电子平台这个载体，使优秀教师在把自己的经验编成剧本时，进一步反思、提升自己。普通教师在使用电子平台时，上课前学习讨论、上课后讨论反思，改变了以往由于没有具体内容或没有新的因素而导致备课教研活动质量低下的问题。委托管理是通过政府购买服务的形式，在体制外重新整合优质教育资源，以改变农村薄弱学校的面貌。委托管理的基本特征是团队契约式支教。校长本土化，中心派出的校长作为总监扶持学校发展。在托管学校实施"成功教育"的管理与教学模式。引进闸北八中的"教与学电子平台"，结合托管学校实际，聚焦课堂教学，促进了教学质量的提高。一芽发，叫醒一片春色。

四、进行了四步课堂模式的探索

探索学讲想练的课堂模式——低起点、小步子、多活动、快反馈。

学校考虑到时间是常数，没办法无限增加，只有改变课堂。因此探索学讲想练的课堂模式，进行新课改，即"一个减少"——适当减少教师课

教学感悟篇

堂讲授的时间，"两个增加"——增加学生的思维和活动，增加学生的自主学习，建构"三个成功"的课堂模型——帮助成功（讲练结合）——尝试成功（讲想练结合）——自主成功（学讲想练结合）。采用新技术辅助课堂，探索如何提升"讲"和"练"的效益。学校采用了低起点、小步子、多活动、快反馈的方式，讲一段，练一段，精讲精练、精讲多练，增加学生思维的训练，提高课堂效率。这些都是我们值得学习和借鉴的，对学生思维的训练有着重要的作用。

游学期间恰逢3月12日植树节。望着窗外一片青枝绿叶，我突然想到，实际上我们的教育也像辛勤的园丁培育五彩斑斓的花草一样，而此次学习活动也正是我们汲取营养的过程、开阔视野的过程、开阔眼界的过程。我们这一批"襄派教育家"培养对象一定不负重托，根植于我们襄阳这片沃土，不忘初心，热爱教育事业，潜心研修，砥砺前行，为襄阳教育事业贡献自己的一份微薄之力。

让我们携起手来，共创教育新篇章

—— "影子教师" 辅导教师工作总结

根据省教育厅 "国培计划（2011）" ——湖北省农村骨干教师培训项目实施方案，结合襄阳市诸葛亮中学的特点，2012年11月18日，我有幸成了来自随州广水的 "影子教师" 陈君怡老师的指导教师。

光阴似箭，为期一个月的 "影子教师" 辅导培训结束了，这一个月里，饱含着辛勤的耕耘，更收获了丰硕的成果。我和陈老师共同开展了教育理论、课标、教材的学习和研讨，探讨了英语高效课堂的模式、学生们成人成才方面的问题、教学策略的形成。我们共同进步，共同成长！在陈老师感受学习的同时，我也领略到了陈老师虚心好学、乐于助人的人格魅力。

一、走进校园，感受魅力

根据培训计划，学校有序地展示了襄樊市第三十二中学教师培训的特色，开展了系列培训，每一次培训陈老师都认真参加学习并写好活动反思。

记得一开始，他一来就不顾旅途的疲惫，放下行囊，走进了襄阳市诸葛亮中学参观校园。每到一处，我都仔细介绍，使陈老师了解了学校的基本情况以及校园的文化历程和建设情况，感受到襄阳市诸葛亮中学独具特色的魅力。

教学感悟篇

二、走进课堂，共同进步

我每天在完成本职工作的同时，和陈老师一起进课堂听课，然后进行评课。在这一个月里，我们听了九年级几位英语老师的课，同时还参加了襄阳市"有效课堂教学"课题阶段小结和樊城区高效课堂在学校举行的开放日的活动。他还和我一起到襄阳市五中实验学校去听了课题研讨课，进行了评课讨论。最终，我们达成共识：只有转变观念，才能适应时代发展的需要。同时，我们对新的教育理念也有了深层次的理解，即强调以学生为本，面对全体学生，关注每一个学生的发展。因此，我们教师要转变教育理念，积极进行教学改革，关注每一个学生的发展，考虑学生的可持续发展，为促进全体学生的发展努力，并将这种理念运用于指导自己的教学实践，真正发挥其效能。

1. 研究课标和教材，走近有效教学

教师要想讲好课，在教学前首先要研读课标和读懂教材。在影子培训的第一个阶段，我和陈老师对英语课程标准进行了解读。从学习课标、了解教材体系、通读整册教材到细读本节教学内容，从明确教学目标、教什么、怎么教、为什么这样教、其内容蕴含着哪些教学思想方法、每个问题的生成到习题是怎样编排的、学生在哪些地方可能遇到理解困难、在学习英语时可能犯怎样的错误，都一一进行了解读。通过研读，我们都突然有了种豁然开朗的感觉，只有真正读懂了教材，才有可能真正实现"用教材教"，才能实现教学内容、教学方法与教学手段的完美统一，才能实现教材的普遍性与学生的特殊性的有机结合，从而充分调动教学双方的积极性，让教学更有效。

2. 探讨有效课堂，提升教学智慧

在影子培训的第二阶段，我们一起观摩了学校英语老师们的课，真正感受到什么是有效的课堂。在这些课堂中，教学不仅有广度，还有深度，更有厚度。大家感受到在英语教学中，确实要设计学生熟悉的生活活动，引导学生学会运用语言，让英语课堂充满生命的活力。

3. 汇报展示，促进专业发展

影子培训期间，陈老师还上了一节汇报课。上完课后，我们趁热打铁立即议课，互相交流，共同探讨。反思自己的课堂，在课堂上陈老师注重尊重学生，以学生为主体，做到了语言简洁干净、提问有效。但是，当学生中出现了没有预设到的问题时，陈老师没有及时给予评价，更没有找出其合理性给予鼓励。这反映了陈老师对学生的学情了解还要进一步加强。陈老师认识到自己在以后的教学中，还需多多学习、时时反思，只有不断学习，充实自己，不断更新自己的教育理念，才能不断进步。

4. 交流经验，分享研修收获

在接近影子培训结束的最后阶段，我和陈老师共同探讨了近三周的收获。我们一致认为，我们要把此次讨论交流的心得感悟与平时的教育教学相结合，增强教师职业幸福感，进一步促进教师专业化成长。在分享与交流的过程中，我们也收获了快乐。

三、互动交流，共同提高

我和陈老师一起参加了学校九年级英语组的集体备课。在每一次的互动交流研讨中，我们学校备课组的老师和陈老师都会结合自己的教学实际谈体会。每一个话题都会引发小组成员的热议，每天都有不小的收获。在交流中大家各抒己见，使我们有了更宽阔的视野，掌握了更高的教学技能。因此研讨交流充实了我们，让我们共同进步。我们将把自己学到的、感悟到的应用于实践，只有这样才能让自己的工作更加得心应手，使教学效果更上新台阶。共同探讨、研究教学中遇到的问题，寻找解决问题的方法，不断改进与完善课堂教学方式，从而不断提高自身的业务素养。我还给陈老师展示怎么说课、怎么做导学案，陈老师也积极参加到学校组织的"课堂教学听、评课活动"和"课堂教学开放日"活动当中去，积极向老师们虚心学习。每次听课后及时对教学中存在的问题提出自己的看法和意

教学感悟篇

见，进行交流，找出不足，总结经验，以此提高自己的课堂教学能力。从听课中，我发现陈老师调控课堂的能力挺好，应变能力强，而且经常有一些好的点子，但是课上语言不够精练，情绪感染力不足。针对这些现象，我及时把自己的做法和想法和他一起分享。他脚踏实地的学习精神、一丝不苟的工作态度也感染了我。

四、明确方向，收获快乐

我们进一步认识了新课程的发展方向和目标，反思了自己在以往工作中的不足，缩短和解决了理论指导和现实教学中的差距和矛盾。经过这一个月的学习交流，我们都有了很大的收获。我懂得了只有坚持学习，才能适应新时期的教育。我们要培养新时期的新型人才，实现十八大提出的"办人民满意的教育"，就需要不断学习、认真总结、随时反思，及时将自己的经验记录下来。在整理中思考，在行动中研究，这将是我今后所追求的目标。

五、积极参加活动

陈老师还积极参加了学校举行的"襄阳歌曲进校园"、到隆中参观游览等各项活动，丰富了业余生活，增进了与教师之间的沟通交流。陈老师在学校管理方面也积极地进行了学习，他表示将会把好的教育教学管理经验带回自己任教的学校，以便大家共同进步，共同提高。

一个月时间弹指一挥，虽然"影子教师"的辅导工作已经结束，但学无止境。我知道，必须不断在学习中、在教学中反思自己。在今后的教育教学实践中，我将继续不断反思自己的教学行为，提高自己的教育教学水平，加强同伴互助，为实现学校"育智慧学子 成多彩人生"的目标，尽自己一份微薄之力！

让我们携起手来，共创教育新篇章！

启迪智慧　感受幸福

——《苏霍姆林斯基的〈给教师的100条建议〉》读后感

从教已有20年的我，依然一腔热情从事英语教学，讲台上我满怀激情，讲台下我和蔼可亲，20年来梦想未变，我对自己所从事的事业充满信心。殊不知在20年的从教生涯中，我也曾苦恼过，为什么下了那么大的功夫，可是有的学生英语学习收效甚微，我经常反思是否应该调整自己的教育教学，于是我转换思路，调整心态，改变做法。每接手一个新班级时，我总是问学生们："同学们，你们认为什么是优生？"同学们异口同声回答："那还用说，就是成绩优秀的是优生呗。"我摇摇头，"同学们，你们答对了一半，我认为优生就是每天进步的学生，哪怕你进步一分，你就是优生。"同学们高兴地、热情地鼓起了掌，大家纷纷为自己能成为优生而感到高兴。在读完苏霍姆林斯基的《给教师的100条建议》之后，我对这位苏联著名教育家的钦佩之情油然而生，不由感叹它启迪了智慧，让我感受到做教师的幸福所在，也让我对一直迷惑不解的问题有了新的理解和领悟，让我对自己的这一做法上升到了一定的理论层次，让我更加坚定了自己将这一做法继续坚持下去。我将尝试将这一理念渗透到自己的教育教学中，多站在学生的角度为学生们考虑，真正实现"以生为本"。苏霍姆林斯基在《给教师的100条建议》中的第一条建议提到"请记住：没有也不可能有抽象的学生"。学习上的成就这个概念本身就是一种相对的东西：对一个学生来说，"五分"是成就的标志，而对另一个学生来说，"三分"就是了不起的成就。教师要善于确定：每一个学生在此刻能够做到什么程度，如何使他的智力才能得到进一步的发展——这是教育技巧的一个非常重要的因素。能否保护和培养每一个学生的自尊感，取决于教师对这个学生在学习上的个人成绩的看法。不要向学生要求他不可能做到的事。任何一门学科的任何教学大纲只是包含一定水平和一定范围的知识，而没有包含活生生的学生。不同的学生要达到这个知识的水平和范围，所走的道路是各不相同的。教学和教育的技巧和艺术就在于，要使每一个学生的力量和可能性发挥出来，使他享受到脑力劳动中的成功的乐趣。这就是说，在学习中，无论就脑力劳动的内容（作业的性质），还是就所需的时间来说，都应当采取个别对待的态度。因此，我在平时的教学中，对学生们进行分层教学，比如能力强的学生就布置难度大的题目，"待优生"则布置简单的题目，写英语书面表达时，有的学生完成语言的创造性作业即写英语作文，有的学生则学习英语范文，还有的学生学习英语的一两句话。这样坚持下去，所有的学生都在前进——有的人快一点，另一些人慢一些。学生完成作业后而得到评分时，从评分中看见了自己的劳动和努力，学习给他带来了精神上的满足和有所发现的欢乐。正如苏霍姆林斯基在《给教师的100条建议》中提到的：教给学生能借助已有的知识去获取知识，这是最高的教学技巧之所在。这一点在我的教学中也得到了很好的印证。曾几何时，我也为学生们不会思考、不敢提问而感到苦恼，岂不知我们做教师的是否给学生们提供了提问的机会，也不去考虑总是急着把答案直接告诉学生们，让他们养成了不经过自己思考而等着老师直接"喂"的习惯。比如，在教学生新单词"culture"时，我们可以请学生结合自己已经学过的旧单词"cup""nature"，来试读这个新单词，还告诉他们读错了没有关系，鼓励学生大胆试读。有的学生可能只读对新单词的一半，对于这种情况我也不批评，一直耐心鼓励学生们，直到他们能够正确拼读单词。当学生们能通过自己的劳动而获取知识的快乐，哪怕是一点一滴，他们都欣喜无比。在教学中，引导学生找寻学习的规律，学会及时归纳总结，不断进步。如何引导学生们独立思考、大胆质疑，敢于和老师们探讨问题，真的需要我们做教师的真正做到"以生为本"，站在学生的角度，想学生所想。这样学生们才会去体会、体验、感知语言，达到运用英语语言的最终目的。学生们也会在此过程中，体会学习英语的乐趣。随着时间的慢慢推移，学生们会逐步增强信心，悟教育之本，悟乐学之道，进而实现樊城区教育的愿景"学生快乐成长，教师工作幸福"。

我既没有什么豪言壮语，也没有什么华丽的辞藻，但是我有一颗朴实无华的爱学生、爱教育的心。我很享受这种气氛，正如苏霍姆林斯基的《给教师的100条建议》中所描述的那样：看到我的每一个学生在课堂上都取得进步，我的每一个学生都在尽量靠自己的努力去达到目的，我从学生们的眼光里看出紧张地、专心致志地思考的神色——一会儿发出快乐的闪光，一会儿又在深沉地思索。我和学生们在相互体谅的气氛中，有一种智力受到鼓舞的精神，我在这样的气氛里工作确是一种很大的享受。这不就是我苦苦追寻的从教幸福吗？这也符合樊城区教育的愿景"学生快乐成长，教师工作幸福"。师生在这样和谐的氛围中相互提升，实现了共赢。

苏霍姆林斯基的《给教师的100条建议》给了我新的启迪，让我感受到了做一名教师的幸福，更加坚定了我从教的信念，让我明确了今后努力的方向。我将一如既往坚持下去，积极学习，加强反思，遇到问题多思考，动脑筋想办法，多与同伴互助合作，工作中大胆创新，多和学生们交朋友，做到"以生为本"，把教书育人当作一件幸福快乐的事情，做一名智慧型的幸福教师，做一位坚守中国梦的"四有"新教师，和我们可爱的学生们一起快乐地奔向前方！

附 录

一、调查问卷

襄阳市诸葛亮中学教育集团英语听说课高效课堂实施现状调查问卷
（学生卷）

亲爱的同学们：

你们好！本次调查的目的是了解和研究大家在"三究四学"的教学模式下初中英语听说的学习情况，请根据你的真实经历作答，本次调查采取不记名的方式，调查结果只用于数据统计。感谢你的参与和配合！

（一）基本信息

性别：_____　　　　年级：_____

（二）单项选择题（请在每题的题号前写出你选择的答案）

（　　）1. 你在英语听说课上的学习兴趣怎样？

　　　A. 很大　　　　　　　B. 较大

　　　C. 一般　　　　　　　D. 没有兴趣

（　　）2. 你觉得老师在英语听说课上讲解多长时间比较好？

　　　A. 30～40分钟　　　　B. 20～30分钟

　　　C. 10～20分钟　　　　D. 5～10分钟

（　　）3. 在导学环节，教师在开展新课前的英语听说课导入设计或者情境创设效果如何？

A. 能吸引你　　　　　　B.有时能吸引你

C. 不能吸引你　　　　　　D. 老师很少设计或从不设计

（　　）4.你喜欢什么样的英语听说课氛围？

A. 课堂气氛活跃　　　　　B. 课堂气氛安静

C. 课堂不受约束　　　　　D. 其他

（　　）5.英语听说课上老师只点拨知识点可以吗？

A. 自己完全可以应付，老师点拨一下就可以了

B. 不行，好像自己总是总结不到位

C. 没感觉

（　　）6.在英语听说课上，你如何看待教师布置的讨论题或思考题？

A. 切入主题，经典恰当

B. 由于预习不好，不怎么了解

C. 感觉自己境界不够，没有感觉

（　　）7.在英语听说课上，你在"独学"的时候更注重哪方面的学习？

A. 熟悉听力材料

B. 单词和句子

C. 听说技巧

（　　）8.你在"独学"时通常会遇到什么困难？

A. 单词难理解

B. 注意力不集中

C. 没预习好，导致独学效果差

D.只听不说

（　　）9.在英语听说课上"独学"的时候你完成任务的情况如何？

A. 在完成任务的基础上提出自己的问题或见解

B. 基本完成任务

C. 很难完成任务

附
录

（　　）10. 你在"对学"过程中学习效果如何？

A. 很好　　　　　B. 一般　　　　　C. 不好

（　　）11. 在组内展示和班级展示的环节，你是如何看待发表和展示的？

A. 这是一次机会，我愿意参与合作并踊跃展示

B. 我服从组长的安排

C. 我比较内向，不喜欢发言

（　　）12. 你是如何看待在英语听说课上主动发言、积极展示的同学的？

A. 他们只是爱表现自己

B. 他们自信而且勇敢

C. 我也希望加入他们

（　　）13. 在英语听说课上你没能积极主动合作与展示的原因是什么？

A. 因为害怕说错，担心同学笑话我

B. 因为老师不给我机会，不肯定我

C. 因为预习不好，跟同学没有什么探讨的内容

（　　）14. 你与你的学习小组成员相处融洽吗？

A. 关系很好　　　　　　B. 还行

C. 一般　　　　　　　　D. 不好

（　　）15. 你所在的学习小组有明确的分工吗？

A. 有，大家各司其职

B. 还行，主要听组长的

C. 感觉比较乱

（　　）16. 你认为小组合作学习的效果如何？

A. 明确掌握课堂知识

B. 浪费时间而已

C. 总是部分同学参与

（　　）17.你觉得接受新英语听说课模式后，课堂有什么变化？

      A. 变得更精彩了，很喜欢

      B. 仍是老样子，换个形式而已

      C. 有变化，但我不喜欢

（　　）18.在接受了新的英语听说课模式后，你的英语成绩有什么变化？

      A. 进步很大　　　　　　B.有进步

      C. 没有进步　　　　　　D. 无所谓

（　　）19.在英语听说课上，你们是如何组织学习评价的？

      A. 老师组织的记分制

      B. 组长领导的记分制

      C. 师生共同参与的记分制

      D. 无所谓，都是形式上的

二、访谈提纲

1. 访谈对象

襄阳市诸葛亮中学教育集团英语教师。

2. 访谈目的

了解教师在课改实验中出现的困惑，帮助他们梳理思路，分析问题，确定实验的进展。

3. 访谈内容

问题一：您认为什么样的听说课才是一堂好的英语听说课？为什么？

问题二：您认为关于英语听说课高效课堂的实施方面还存在什么样的问题？

问题三：您认为是否所有的课都必须使用"三究四学"模式？

附录